高职校企合作体制机制
建设与实践研究

范敏 著

中国纺织出版社有限公司

内 容 提 要

本书对我国高职校企合作机制研究和实践进行了全面梳理和总结，首先简述高职校企合作的背景与理论基础，其次分别从组织与运行、长效运行机制建设、长效机制改革与创新等方面进行重点论述，最后论述校企合作的成果并举出相应的实例。本书在我国高等职业教育转型发展与校企合作机制建设方面提出了新思路，对校企合作的社会效应与科研服务等有一定的现实意义。本书可供高职院校与相关企业管理人员参考。

图书在版编目（CIP）数据

高职校企合作体制机制建设与实践研究 / 范敏著. -- 北京：中国纺织出版社有限公司，2023.6
　ISBN 978-7-5229-0740-6

　Ⅰ.①高… Ⅱ.①范… Ⅲ.①高等职业教育—产学合作—研究—中国 Ⅳ.① G718.5

中国国家版本馆 CIP 数据核字（2023）第 126736 号

责任编辑：朱冠霖　　责任校对：高 涵　　责任印制：王艳丽

中国纺织出版社有限公司出版发行
地址：北京市朝阳区百子湾东里 A407 号楼　邮政编码：100124
销售电话：010—67004422　传真：010—87155801
http://www.c-textilep.com
中国纺织出版社天猫旗舰店
官方微博 http://weibo.com/2119887771
三河市宏盛印务有限公司印刷　各地新华书店经销
2023 年 6 月第 1 版第 1 次印刷
开本：710×1000　1/16　印张：12.5
字数：220 千字　定价：88.00 元

凡购本书，如有缺页、倒页、脱页，由本社图书营销中心调换

前言
PREFACE

  高职校企合作模式的深化与改革作为我国高职院校全面提升人才培养质量的"利器"所在，是推动行业与社会经济发展，以及社会进步的重要保障。党的十九届六中全会明确指出，我国社会主义现代化建设已经进入新的发展阶段，在教育发展新格局下，创新型、复合型技术技能人才已经成为当今乃至未来社会发展所急需的人才。高职院校作为培养新时代中国特色社会主义现代化国家合格建设者的"前沿阵地"，必须肩负起时代赋予的新使命，打造出与时代发展新要求相统一的高职校企合作模式显然成为重中之重。其间，高职校企合作体制机制建设与实践的有效开展成为核心环节。为此，本书立足这一中心环节做出深入而又系统的研究，具体包括以下七个章节：

  第一章：阐述相关概念以及校企合作的动机、基本原则、主要条件，作为本书创作的基础。

  第二章：阐述国内外高职校企合作的模式，并且对建设过程中所关注的重点进行系统的归纳与整理，确保本研究的依据更为扎实。

  第三章：立足高职校企合作模式长效运行机制进行深入探究，明确当前国内与国外的主要做法，从中找出可借鉴的研究观点。

  第四章：立足当前国内高职院校，以及国外职业教育在校企合作模式运行过程中所取得的经验与成果进一步论述，以确保本书创作的理论与实践依据更为充足。

  第五章：立足杭州职业技术学院校企合作模式构建与运行的现实情况，论述其运行过程中体制机制所发挥的作用以及存在的可提升空间，进而为高职校企合作体制机制改革与创新指明方向。

第六章：论述高职校企合作体制机制改革与创新的立足点和侧重点以及实现的具体路径，是本书的核心。

第七章：对高职校企合作体制机制创新发展的展望。

范敏

2023年3月

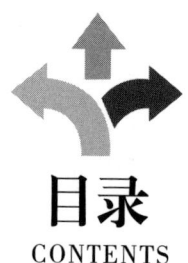

目录 CONTENTS

第一章 概论 … 1
第一节 高职教育 … 2
第二节 高职校企合作 … 15

第二章 高职校企合作模式 … 27
第一节 国内外高职校企合作模式 … 28
第二节 校企合作的基本建设 … 44
第三节 校企合作的组织与运行 … 47

第三章 高职校企合作的长效运行机制 … 51
第一节 国内高职校企合作的人才培养机制 … 52
第二节 国内高职校企合作的师资建设机制 … 59
第三节 国外校企合作的运行机制 … 68

第四章 高职校企合作的实践与探索 … 73
第一节 校企合作的实践目标 … 74
第二节 校企合作典型案例——以杭州职业技术学院为例 … 78
第三节 其他形式校企合作 … 109

第五章 校企合作中的可提升空间与策略途径研究 … 117
第一节 校企合作存在的可提升空间 … 118

第二节 校企合作可提升空间产生的缘由……………………… 124
第三节 增加校企合作深度的策略与途径……………………… 127

第六章 高职校企合作体制机制的改革与创新……………… 135
第一节 高职校企合作体制机制的改革思路…………………… 136
第二节 高职校企合作体制机制的创新………………………… 145

第七章 高职校企合作体制机制创新的前景展望…………… 157
第一节 高职校企合作双赢模式探析…………………………… 158
第二节 校企合作体制机制创新下高技能人才的发展要求及前景……… 168
第三节 新形势下高职校企合作前景展望……………………… 180

参考文献………………………………………………………… 190

第一章

概论

毋庸置疑，高职校企合作体制机制的建设与发展需要经历一个长期的过程，以及保持正确的视角和方法，并且确保各项举措得到深度落实方可实现。在这里，必须先针对相关概念、发展现状、取得的成功等多个方面进行深入的了解与分析，由此方可确保本书研究的观点更加客观和准确，同时为实现高职校企合作体制机制改革与创新提供重要的理论依据。为此，本章立足这三个方面进行深入的挖掘，希望所提出的观点能够为广大高职教育工作者和从事该领域研究的相关学者带来一定的启发。

第一节 高职教育

"高职教育"即"高等职业教育"，是"高等"与"职业教育"两个概念的复合，说起高等职业教育，就离不开对职业教育的理解，两个概念之间相辅相成。

高等职业教育是职业教育随着经济建设和社会发展到一定阶段必然出现的教育模式，理解职业教育的概念、教育目的、发展状况及特点，有助于提高对高等职业教育的认识。所以本节主要从职业教育和高等职业教育两个层次，由浅入深阐释高等职业教育。

一、职业教育

2019年1月，国务院印发《国家职业教育改革实施方案》，开宗明义指出"职业教育与普通教育是两种不同教育类型，具有同等重要地位"，正式确定职业教育在我国教育体系中是一个单独种类的教育。

这一重要定位，一方面，是对职业教育的重大理论贡献，明确了职业教育是一个教育类型，而不是教育层次；另一方面，明晰了职业教育和普通教育的联系与区别，有利于职业教育系统更明晰自己的功能和作用，进一步探索和完善职业教育独特的办学模式和人才培养模式。

（一）相关概念

职业教育是受教育者获得某种职业或生产劳动所需要的职业知识、技能和职业道德的教育，包括初等职业教育、中等职业教育、高等职业教育。职业教育是对人和对人的行为的培养与训练，人是职业教育活动中最活跃、最积极、最能动的因素。

职业教育与普通教育不同，职业是职业教育的基础，职业教育必须针对职业，面向岗位；职业是规范职业教育人才培养目标的根本，无论是中职毕业生，还是高职毕业生，他们毕业后都是直接面对社会生产一线，直接为社会生产服务，这是职业教育区别于普通教育的"类"特征。

职业教育的目的是满足个人的就业需求和工作岗位的客观需要，进而推动社会生产力的发展，加快国家产业结构的调整与转型。

广义上来讲，职业教育是根据一定社会要求和人身心发展规律，通过职业培训机构对有关社会资源进行有效利用，从而为社会生产方式和人类自身再生产服务。这个概念有三个层面表现：一是职业教育是按照一定社会的要求和教育规律所进行的活动，教育制度的产生必然要遵循社会规则和规律；二是职业教育是通过一定的教育机构对社会相关资源利用的活动，职业教育通过教育机构才能开展教育活动，没有教育机构的教学活动，职业教育也只是一种理论；三是职业教育是一种为社会生产方式和人类自身再生产服务的一种活动，职业教育能够产生并且发展，必然有其运作规律，其中能为社会提供必不可少的人才是职业教育的根本目的。

狭义上来讲，职业教育是培养生产、建设、管理、服务等一线的应用型人才，有明确的人才培养目标，这种应用型人才分为技能型、技术型、工程型人才。从技能型到技术型再到工程型，对知识含量和综合能力、分析解决问题能力要求逐渐增多，综合训练、创新训练的项目难度也是逐渐增加，由简单到复杂。

（二）发展演变

职业教育是社会发展的产物，是人类文明发展的产物，也可以说是人自身发展的产物。时代不同，职业教育的内容、表现形态也不同。在历史的长河中，发生过许多重大变化，直至形成今天的模式。

在马克思和恩格斯创立的理论中，经济基础决定上层建筑，对一个国家来说，经济社会条件和文化传统、教育制度之间相互作用，从而产生这个国家特有的职业教育形态。职业教育受益于社会，社会也可受益于职业教育。

职业教育作为一种社会现象，其性质是由社会性质决定的，而社会的性质是由社会关系所决定的，所以职业教育的性质实际上是由社会关系所决定的。例如，资产阶级的职业教育是资产阶级生产关系的产物，无产阶级的职业教育是无产阶级生产关系的产物；资本主义职业教育是由资产阶级物质关系所决定的，社会主义职业教育是由无产阶级物质关系所决定的。在职业教育活动中，对教育目的的确定，教育思想的选择，教育方针、政策的制定，无不是为了维护和巩固统治阶级的生产关系。

1.国外职业教育发展状况

在世界历史范畴中，职业教育是随着资本主义大工业的发展而发展起来的，它的前早期表现形式是以师徒制为特征的职业技巧传授，即学徒制教育模式。这一时期是职业教育的萌芽阶段，其教育目的仅在于子承父业、继承绝技，教育方式也比较传统，多为口耳相传、耳濡目染，传授者和继承者往往是一对一模式，没有形成规范化的教学模式，其教育结果也多是看继承者的个人发挥，职业教育活动对社会没有起到多大的作用。

随着机器大工业生产发展，世界资本主义形成，社会生产方式从竞争走向垄断，又从垄断（社会之一机器大工业时期表现为计划经济模式）走向竞争（市场经济模式），这一特征制约着职业教育一般本质的表现形式，在形成现在的职业教育模式前，相伴而来的各种思想应运而生，为职业教育做充足的理论架构，国外职业教育发展的具体经历和演变如图1-1所示。

通过图1-1所展示的职业教育的发展历程，不难发现职业教育经历了三个重要发展阶段，已经取得了长足的发展与进步，为我国职业教育特别是高等职业教育的全面发展提供了强有力的推动。但是，在每个阶段所取得的成果笔者并未在图中明确体现，以下就各个发展阶段所取得的成果展开论述。

（1）教育和生产劳动相结合

资本的发展使阶级社会走入另一个阶段，同时也决定了职业教育的产生和发展。此时一些经济学家如威廉·沛第、约翰·贝勒斯、亚当·斯密等发现了教育

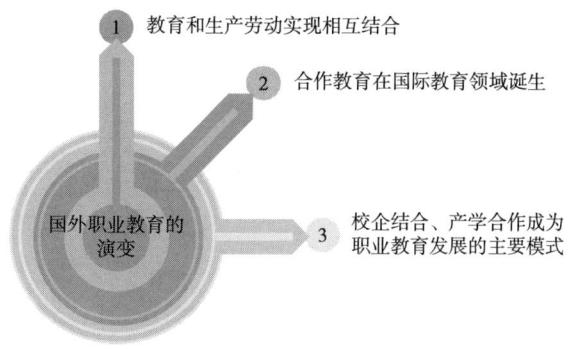

图1-1 国外职业教育的经历与演变

对于生产劳动的意义。在文化领域，文艺复兴以后，由于资本主义孕育和发展，整个社会对劳动力需求发生转变，促使了教育和生产劳动相结合思想的产生。一些先进的教育思想家如托马斯·莫尔、托马斯·康伯内拉、卢梭、裴斯泰洛齐、罗伯特·欧文等人发现了生产劳动的教育意义，并提出把教育和生产劳动相结合作为人的全面发展的手段。马克思在《资本论》中，也为"教育与生产劳动相结合"这一观念做过肯定，他认为"生产劳动和教育的早期结合是改造现代社会的最强有力的手段之一"。

（2）合作教育

19世纪后期，美国的资本主义经济和文化快速发展，实用主义思想在这一时期产生。它受到了英国经验主义哲学家，如培根和洛克哲学思想的影响，而且随着美国工业革命和经验科学工作的兴起，人们开始认为现实的生活本身最有价值，人凭借自己的努力可以改变和改善现实生活。实用主义认为，知识是有机体与环境的相互作用，是人与宇宙"相互作用"的对话。正如这一思想的代表杜威认为，认识的最终目的是解决生活中的实际问题，以更好地适应环境。

杜威的思想对美国的教育理论和教育实践产生了巨大的影响，他的主要观点是"从做中学"，提出"只有把学校和社会统一起来，才能从根本上提高教育的实际效果，因为学校中为了训练而设的感官训练学科，总不能与每天亲切有味的普通的职业活动中得来的那种生动的、丰富的感官生活相比。文字记忆力在所指定的课业中得到训练。但是，这同必须去做的，有实际的动机在推动并能预见到实际效果，从而激发注意力和判断力的那种训练相比，毕竟总是有些间接和空洞"。他认为如果要把一个学生培养成工程师，就需要为这个学生提供工程师的实践机会。

杜威的这种实用主义思想当时在美国被普遍接受,实用主义认为教育本身不是目的,而是一种达到目的的手段。在杜威看来,教育和经验之间有着必然和本质的联系,所有的教育都是以经验为基础,教育的功能或目的是使学生成为有用的、令人满意的好公民。

实用主义的思想观念为合作教育的产生提供了思想准备,合作教育注重为学生提供工作经历,是一种学习与工作相结合的教育策略,美国的合作教育始终坚持学习与有报酬的工作相结合,带有浓厚的职业性和社会适应性,对学生的要求,能力总是放在第一位,要求学生掌握未来就业所需要的知识和职业技能,为进入职业市场做好准备,是美国高校培养学生能力的有效途径。

(3)校企结合、产学合作

随着世界产业结构的调整、社会生产方式的转变,现代教育的理论体系在实践中不断变革发展,并在近十多年来形成了建构主义的学习理论,为职业教育的校企结合、产学合作提供了深层次的背景依据。

建构主义学习理论认为,学习是引导学生从原有经验出发,生长(建构)起新的经验。知识不是通过教师传授得到,而是学习者在一定的情境即社会文化背景下,借助其他人(包括教师和学习伙伴)的帮助,利用必要的学习资料,通过意义建构的方式而获得。主张世界是客观存在的,但是对事物的理解却是由每个人自己决定。不同的人由于原有经验不同,对同一事物会有不同理解。

建构主义提倡在教师指导下的、以学习者为中心的学习。也就是说,既强调学习者的认知主体作用,又不忽视教师的指导作用。教师是意义建构的帮助者、促进者,而不是知识的传授者与灌输者。学生是信息加工的主体,是意义的主动建构者,而不是外部刺激的被动接受者和被灌输的对象。这要求教师和学生在双向的过程中,积极发挥各自的主观能动性。

建构主义理论的核心不同于传统教学,只把知识从教师头脑中传送到学生的笔记本上,而是以学生为中心,强调学生对知识的主动探索。以学生为中心,强调的是"学";以教师为中心,强调的是"教"。

学习是学生自己建构知识的过程。学生不是简单被动地接收信息,而是主动地建构知识的意义。学习是学习者根据自己的经验背景,对外部信息进行主动的选择、加工和处理,对所接收到的信息进行解释,生成个人的意义或者说是自己的理解。个人头脑中已有的知识经验不同,调动的知识经验相异,对所接收到的信息的解释就不同。

教学不能无视学习者已有的知识经验,不能简单地强硬地从外部对学习者实施知识的"填灌",而是应该把学习者原有的知识经验作为新知识的生长点,引导学习者从原有的知识经验中,主动建构新的知识经验。教学不是知识的传递,而是知识的处理和转换。教师和学生、学生与学生之间,需要共同针对某些问题进行探索,并在探索的过程中相互交流和质疑。

教育是培养新生一代,培养国家事业继承人的过程,培养的人才必须适合社会的需要,面向社会,面向市场。在新形势下,建构主义赖以存在和发展的学习环境得到了当代最新信息技术成果的强有力支持,使建构主义理论日益与教学实践普遍结合起来,成为国内外学校深化教学改革的指导思想。

依循这一思想,职业教育采用"技能+学历"的教育办法,在对学生进行技能培养的同时,也对学生进行素质教育,采用"七分实践,三分理论"的教育模式,在社会上掀起一股教育风潮,并且在实践中逐渐探索出了校企结合和产学合作的模式。

2.国内职业教育发展状况

我国的职业技术教育的发展深受国家宏观战略、社会经济背景以及职业教育事业发展需要三方面影响。近些年我国的职业教育也有着突飞猛进的发展,从20世纪80年代开始进行学科建制,再到现在职业教育体系基本健全,我国职业教育已经发展到一定高度。

中华人民共和国成立70多年来,我国职业教育发展大体经历了三个阶段,每一个阶段都带有时代的印记,职业教育发展历程具体如图1-2所示。

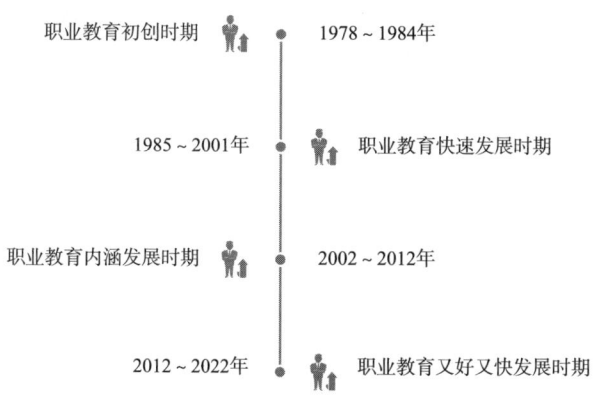

图1-2 国内职业教育发展历程

结合图1-2所呈现出的我国职业教育发展所经历的历史阶段，每个阶段都取得了辉煌的成绩。

（1）职业教育初创时期

在改革开放以前，职业技术教育研究已有萌芽和初步探索。1978年党的十一届三中全会胜利召开，我国由此开始了以经济建设为中心的历史性变革。1979年开始，教育学界展开了规模宏大的教育本质大讨论。在争鸣与交锋中，人们逐渐把教育与经济发展联系起来，这一历史时期，职业教育面临的困境是如何通过大力发展职业技术教育改变中等教育结构的严重失衡。

1978~1984年是职业技术教育研究的起步阶段。一方面，职业技术教育学科正式建立，职业技术教育学成为教育学二级学科；另一方面，职业教育实践中反作用于职业技术教育学科理论问题的研究。1980年，专门的理论刊物《职业技术教育》创刊；1985年，《职教论坛》《职教通讯》相继创刊；同年，《教育与职业》复刊。1983年，在国务院学位委员会公布的学科专业目录中，"职业技术教育学"被正式列为教育学的二级学科。同年，华东师范大学教育科学研究所成立技术教育研究室，专门从事职业技术教育研究。这些探索和建设为后来职业技术教育学科的持续繁荣发展奠定了重要的思想、机构和人力资源基础。

（2）职业教育快速发展时期

1985~2001年，中国的职业教育进入快速发展时期。1985年，《中共中央关于教育体制改革的决定》确定了职业技术教育的发展思路和体系建设的蓝图。此后，国家先后颁布了《国务院关于大力发展职业技术教育的决定》《中国教育改革和发展纲要》《中华人民共和国职业教育法》等重要文件，突出强调大力发展职业技术教育。在这一背景下，职业教育事业迅速扩容，职业技术教育学科建制逐渐丰富和完善起来。

1985年，全国首个职业教育管理本科专业在天津职业技术师范学院诞生；2006年，全国首个职业技术教育学博士点在天津大学设立。至此，职业技术教育学科建立起了完整的三级学位制度，即学士—硕士—博士的完整体系，隶属于教育学一级学科。1990年，中国职业技术教育学会和教育部职业技术教育中心研究所成立。随后，各省份纷纷建立了自己的职业技术教育研究机构。1993年，由教育部主管、教育部职业技术教育中心研究所、中国职业技术教育学会和高等教育出版社共同主办的《中国职业技术教育》创刊，它与1985年创刊或复刊的三种理论刊物一起，成为后续支撑职业技术教育研究、观点争鸣、思想碰撞的主要阵地。

在即将进入21世纪的两三年中，我国职业院校的数量急剧增加，合并中职学校成立职业技术学院成为该阶段职业教育发展的主体趋势。在此期间，1998年我国职业技术学院数量已经达到101所，2000年更是增加到442所。我国职业教育由此开启了大踏步前进之路。

这一阶段还出版了一批重要的职业教育学专著和教材，为后续职业教育学科的人才培养提供了丰富的理论资源。此外，这一时期，学界初步开展职业教育学科架构，职业技术教育课程研究成为热点，研究者们主要从两个方面开展了研究。

一方面，基于对西方职业教育课程模式的研究与实践经验，提出本土化的课程理论，如这一时期提出的"宽基础、活模块"课程、"群集课程"等，并将理论应用于实践，各地纷纷开展职业技术课程改革，这些改革经验教训同时又形成了一批课程研究成果。

另一方面，职业教育的研究队伍也不断壮大，形成了多元化的、覆盖行政机关、研究机构、普通高校和职业院校等不同部门研究人员的科研队伍，以便于职业教育从不同视角展开多方面研究，对于职业技术教育学科发展来说，具有里程碑和划时代的意义。

（3）职业教育内涵发展时期

2002年至今，我国职业教育进入了内涵式发展阶段，从规模走向质量。该阶段，推动职业教育事业发展的文件和举措频出，颁布了《教育部等七部门关于进一步加强职业教育工作的若干意见》《2003—2007年教育振兴行动计划》《国家中长期教育改革和发展规划纲要（2010—2020年）》《中等职业教育改革创新行动计划（2010—2012年）》《现代职业教育体系建设规划（2014—2020年）》《教育部财政部关于实施职业院校教师素质提高计划（2017—2020年）的意见》《职业学校校企合作促进办法》等文件，并于2005年召开了全国职业教育工作会议。2021年，中共中央办公厅、国务院办公厅印发的《关于推动现代职业教育高质量发展的意见》，再次将职业教育推向一个新高点。文件中更是明确指出职业教育正式由学历型向技能型的转变，"贯彻落实全国职业教育大会精神，推动现代职业教育高质量发展"。

高职校企合作体制机制建设与实践研究

在上述政策的强力推动下,职业技术教育事业发展得到越来越多的学科外部关注与支持。与此同时,国家战略对于职业技术教育的需求愈发凸显,"中国制造2025"战略、"互联网+"计划、"大众创业,万众创新"等都对人才支撑和智力支持提出了新要求。

因此,该阶段的职业技术教育学科发展的重点逐步从解决实践困惑转向科学谋划职业技术教育服务国家战略需求。在这一背景下,职业技术教育学科建设进入了质的转变时期,积极探索基于本土的职业技术教育研究范式和理论。

2006年,中国教育部和财政部联合下发关于深度落实《国务院关于大力发展职业教育的决定》的精神,明确指出我国已经开始"国家示范性高职院校建设计划"。其中,明确指出要以地方高职院校为主体,以中央为主导,强化特色课程、特色专业的全面建设,进而形成国家与地方高职院校协同发展之势。其中,遴选出100所国家重点高职院校,为之提供建设方案。直至2010年,示范性院校均已实现校企合作办学体制机制、工学结合人才培养模式、自主单独招生、带动国家和地方经济飞速发展,为我国高等职业教育的飞速发展提供了重要引领作用。

2019年,我国职业教育进入发展新阶段。在全面建设中国特色社会主义现代化强国过程中,职业教育要走有中国特色的发展之路,进而建设出具有中国特色的高水平职业院校和专业建设计划就成为职业教育发展的必经之路,其中首批"双高计划"建设院校共197所——141个高水平专业群体,56所高水平院校。

二、高等职业教育

高等职业教育是高等教育的重要组成部分,是作为一种类型而存在的有别于普通高等教育的新体系。高等职业教育,在国际上通常称为"高等技术和职业教育",或者"技术和职业教育与培训"。

高等职业教育提升人才培养质量,是高职教育走内涵建设和品牌发展的重要体现和根本标志,而提高人才培养质量与教学质量的提升和教学文化的塑造密切相关。

"教学本身就是指向人的精神世界、引导人的价值理念、塑造人的个性品格、提升人的文化品位的活动。"高职教育的教学文化作为教师的专业发展、学生的

第一章 概论

学业成长、学校的内涵建设的重要内容，探讨高职教育的教学文化的概念、发展历程、特征等基本理论问题，是科学认识其运行机制和基本规律的有效方法，也是推进高职教育健康持续发展的基本路径。

随着近年来世界范围内高新技术的迅猛发展，各类教育尤其是职业教育，在形式和数量上都有了成倍的增长。为适应新的形势，联合国教科文组织1997年3月修订"国际教育标准分类（简称ISCED1997）"（图1-3），提出了教育层次分类方案。

如图1-3所示，在属于高等教育的第5层次，划分为A、B两类，5A为"面向理论基础/研究准备/进入需要高精技术专业的课程"，5B为"实际的/技术的/职业的特殊专业课程"。

第一级	ISCED0	学前教育阶段
	ISCED1	初等教育阶段（相当于小学）
第二级	ISCED2	初中教育阶段
	ISCED3	高中教育阶段（包括A、B、C三类）
	ISCED4	高中后的非高等教育阶段（包括各种非学历职业技术培训）
第三级	ISCED5B	大学专科、本科、各种硕士学位
		实际的/技术的/职业的特殊专业课程（相当于高等职业教育）
	ISCED5A	大学专科、本科、各种硕士学位
		面向理论基础/研究准备/进入需要高精技术专业的课程
	ISCED6	通向高等研究资格证书（博士课程部分）

图1-3 国际教育标准分类

我国高等职业教育涵盖专科、本科等多个层次，专科层次主要为培养高技能型人才，本科层次分为应用型本科和师资型本科，应用型本科培养高层次应用型人才，师资型本科注重学生的"双师型"能力建设，硕士层次和博士层次也分别包含专业硕博学位和职业技术教育学专业硕博学位。国际教育标准第三级分类如图1-4所示。

如图1-4所示，各国之间第三级教育课程的组织结构差异很大，但一般来说，5A以完全高中文化程度（3A）为入学条件，其课程计划"具有较强的理论基础"，并可以与ISCED6相衔接，它传授历史学、哲学、数学等基础科学知识，以达到"具有进入高等研究领域的能力"的要求。

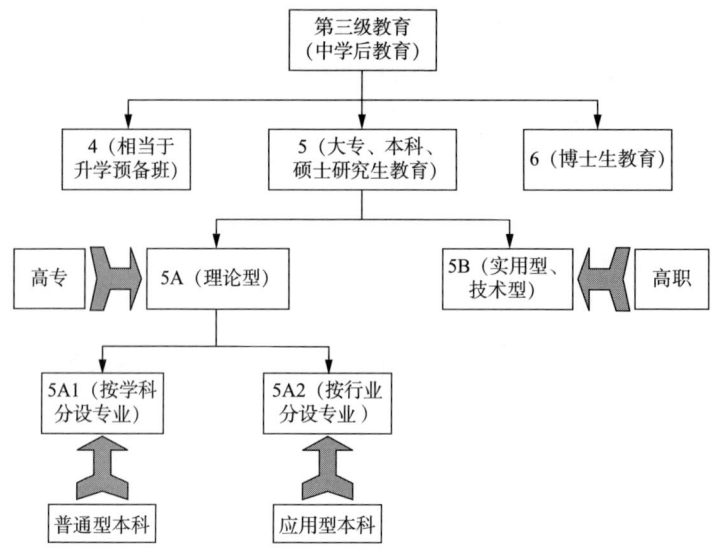

图1-4 国际教育标准第三级分类

而5B的课程计划，实际上是一种"定向于某个特定职业的课程计划"，它"主要设计成获得某一种特定职业或者职业群所需的实际技术和专门技能，对学习完全合格者，通常授予进入劳动力市场的有关资格证书"，相比于5A课程，它更加有定向性，适合于实际工作，更能体现职业特殊性。

综上所述，高等职业教育属于高中后第三级教育中的职业教育和技术教育，也就是比中等职业教育更高一层次的具有高等教育性质的职业技术教育，一般包括就业前的职业技术教育和从业后的有关继续教育。

三、高等职业教育发展趋势

（一）国际高等职业教育发展趋势

1.重视素质教育和终身教育

根据市场对人才的实际需求，国际高职教育界逐步改革课程设置体系，提出了新的职业能力观。主要包括两个方面，一方面，新的职业能力观着眼于技术手段、生产模式的变化性和劳动者的职业流动性，要求劳动者具有收集、整理、使用信息和新技术的能力，以增强适应性和应变能力。另一方面，新的职业能力观包括任务能力观、整体能力观、关键能力观、综合能力观等，重视在职业活动中个人品质的培养，强调具有创造价值的学习能力的培养，要求学习者获得组织、规划、独立解决问题的能力，旨在为终身学习奠定基础。

2. 国际职业资格认证

职业资格认证是对从事某一职业所必备的学识、技术和能力的基本要求。随着全球经济一体化的迅猛发展，人才的全球流动也成为必然趋势，顺应这种趋势，国际职业资格认证受到各国的重视和认可。

3. 与企业合作更加规范

为适应社会与市场需要，企业和高职院校共同完成人才培养任务，以达到"双赢"模式。学校与企业信息、资源共享，学校利用企业提供设备，企业也不必为培养人才担心场地问题，让学校和企业的设备、技术实现优势互补，节约了教育与企业成本。产教融合、校企合作是高职教育的主流发展之路，为保证人才培养质量，国家宏观调控、立法促进校企合作，企业和高职院校共同完成人才培养任务。

（二）国内高等职业教育发展趋势

1. 重视职业能力和终身教育

和国际高职教育对人才培养趋势相同，我国对高职人才能力的培养主要体现在两方面。一方面，人才培养适应社会、行业的要求，具备高水平的职业素质和能力。推行双（多）证书制度，促进就业。既让学生能够在完成教学计划的同时，又能考取一种或多种职业资格证书。另一方面，让高职教育成为终身教育体系的重要一环，培养具有创造性、可持续发展性的教育，而不是终结性教育。随着经济、社会与科技的发展以及人自身发展的需要，高职教育必须不断满足上述发展的需要，开放办学，更加灵活地促进与全国乃至全世界的交流与合作。

2. 建设一流高职院校，推进中国教育现代化

建设一流高职院校是指中国特色高水平高职学校和专业建设，是推进中国教育现代化的重要决策，为打造技术技能人才培养高地和技术技能创新服务平台，引领职业教育服务国家战略、融入区域发展，促进产业升级。

3. 办学多元化，走集团化发展道路

在现代高等职业教育发展实践中，逐渐构建了多元化办学体制。主要表现在三个方面。

一是高职教育办学主体多元化。摒弃过去"政府大包大揽"的办学模式，逐

渐转变为"政府主导、多元化办学相结合"的办学体制，真正实现"政策支持、内外结合、多渠道合作、协同发展"的办学思路。

二是高职院校多元化的人才培养教育活动。为适应经济、社会发展水平和现代化程度，高等职业院校根据不同人才的职业教育需求和就业需求，开展相应的教学活动，确定不同的高等职业教育管理体制。

三是高等职业教育管理评估体系的多元化。高职院校立足于本校办学宗旨，将管理重点放在多元化职业能力、多元化专业设置的监管上，积极构建高等教育多元化管理评估体系。高等职业院校实行"分类运行、分类指导、分类核算、分类评估"的管理思路，共享高等职业院校多元化办学资源和教育资源。搭建职业教育集团化办学的内部管理体系，根据不同专业的职业能力要求，设置不同专业的教学课程。

第一章 概论

第二节　高职校企合作

　　高等职业教育院校为谋求自身发展，抓好教育质量，采取校企合作的方式，针对性地培养人才，实现学校教育和企业发展的"双赢"。

　　本节介绍了高职校企合作，并对其办学背景与动机、校企合作的原则进行阐释。

一、高职校企合作的概念

　　校企合作是指学校与企业建立的一种合作模式，是职业院校与企业在各自不同利益诉求的基础上，寻求利益交集共同发展的一种组织形式。

　　教育是培养新生一代，培养国家事业继承人的过程，必须适合社会的需要，面向社会，面向市场，校企合作不同于传统教育模式，在对学生进行技能培养的同时，也对学生进行素质教育，采用"七分实践，三分理论"的教育模式，在职业教育中探索出来一条新道路。

　　国内关于校企合作的提法有很多，如"校企联合办学""产学研合作教育""产学合作教育"等，学者对其概念界定不一，但并没有本质区别，只是在不同时期的称谓。但在高等职业教育中，"校企合作"的提法用得比较多，因为本书的研究对象是高等职业教育，所以采用"校企合作"的提法。

　　校企合作教育是一种"双赢"模式。它是利用学校与企业的教育环境和资源，以培养学生的综合素质为目标，采取课程教学与生产实践相结合的方式，培养适应生产、建设、管理、服务第一线所需要的高端技能人才的一种教育模式。

　　"双赢"模式下的高职教育校企合作，注重权衡两个方面内容。一方面是学校在这个过程中的教育目的、教育价值以及相应的经济收益，另一方面是企业的人才需要，场地、教师资源等的需求，通过素质教育与职业能力的培养，学校与企业资源、信息的共享，做到了实践与理论相结合的探索实践。

二、高职校企合作的动机

校企合作在于促进高校和企业互利合作、互利双赢，实现资源共享、促进教学相长、提高学生综合素质和岗位技能，解决学校教育经费投入不足的问题，达到学校、企业、学生三方满意的效果。所以，高职校企合作的动机可以分别从高职院校、企业、学生三个角度分析，具体动机从图1-5中能够得到充分体现。

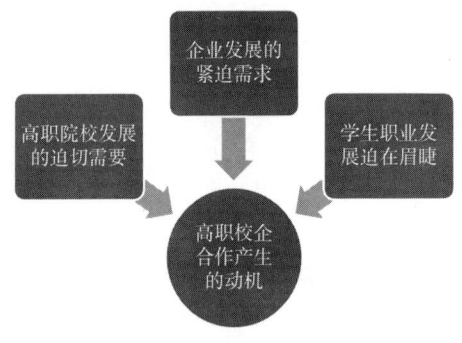

图1-5　高职校企合作产生的动机

通过图1-5所表述的高职校企合作产生的动机而言，高职院校、合作企业、学生之间的需求各有不同，进而促成高职校企合作办学模式的产生。以下从三个方面深入阐述。

（一）高职院校发展需要

随着我国高等院校的教学改革的不断深入，校企合作成为我国高等教育发展的重要战略之一，是我国现代高校教学改革、创新和发展的新方向。

1.职业教育发展的内在规律要求

职业教育应该是对经济社会的发展感受最直接最强烈、"嗅觉"最敏锐、反应最快的一类教育。职业教育要服务于经济社会发展，从经济社会发展中汲取营养，否则会失去根基。职业教育必须与技术进步、生产方式变革、社会公共服务等相适应，统筹规划职业教育发展的规模、结构、层次和布局。职业教育要与经济社会发展同步实施。要真抓实干，集中力量打造一批有特色、实力强的骨干职业院校、实训基地和专业群；深化专业设置和动态调整机制，推动课程内容、教学方式等与生产实践紧密对接；高度重视"双师型"教师队伍建设；建立健全职业院校教学质量诊断与改进等全面质量管理体系。

"营造人人皆可成才、人人尽展其才的良好环境，努力让每个人都有人生出彩的机会"。职业教育肩负着培养多样化人才、传承技术技能、促进就业创业的重要职责，为"人人出彩"提供了更多可能。职业教育在帮助学生掌握真才实学的同时，培养其社会责任感，把学习综合知识、提升技能与培养职业精神融合起来，实现终身教育。

2.提高教学质量的要求

现阶段我国高等教育在对学生的培养方面具有一定的滞后性，对学生的综合能力和综合素质的培养方面也存在着许多不足之处，许多高校毕业生无法达到用人单位的岗位要求，这也是现在高校毕业生就业难的主要原因之一。

为了从根本上解决这一问题，需要高校和企业之间建立起一种长期和稳固的校企合作关系，培养出符合社会需要的人才。校企合作在高校提升教学质量方面有以下三方面的表现。

（1）可以了解社会发展需求，及时调整人才培养方案

当前社会日新月异，科学技术发展迅速，企业对高校毕业生的需求也不断地发展变化，高校作为为学生传授理论知识和培养学生实践技能的场所，也需要与时俱进。建立校企合作关系，高校教师走出校园走进企业，能及时地了解到当下的企业技术和岗位要求变化，并根据这些变化对教学课程、人才培养体系等进行相应改变，保证高校教学质量，培养出符合时代发展的高素质人才。

（2）可以建立实训基地，培养学生动手实践能力

目前高职教育仍旧缺乏具有企业经历的专业教师，缺乏生产一线兼职教师承担教学任务，缺乏具有实践能力和实际解决问题能力的学生。建立校企合作关系后，高职院校的教师和学生能直接到企业中参观、实践，能为高校的教师和学生提供实践场所，让教师和学生在实践中获得经验和能力。

（3）可以共同研发项目，提高高校的科研能力

高校除了为学生传授理论知识和培养实践技能外，还有一项工作就是科研，而每年政府划拨给高校的科研经费十分有限。这种情况下，校企合作，共同研发科研项目，可以从企业获得科研经费支持，很大程度上解决了这一问题。

（二）企业发展需要

校企合作符合企业培养人才的内在需求，有利于企业实施人才战略，企业能在这个过程中获得实惠与利益。

1. 可以减少人力资源成本

当前企业之间竞争激烈，如何降低成本是现代企业必须解决的问题。人力资源成本在企业的成本中占有极大的比例，为了追求利润最大化，许多企业都希望能有效降低培训成本，即希望毕业生毕业时就能达到岗位的要求，不需要再投入进行岗位培训的成本。

2. 可以增强企业管理经验，培养优秀人才

企业既是科技的主体，也是技术创新的主体，但其发展需要人才支撑和技术创新，高校可以为其提供不断、有力的人才和技术的支持。企业的技术创新离不开产学研结合，离不开"学"和"研"的支持，建立高职院校与企业的联系，有利于形成可持续发展的"产、学、研"的合作机制，同时增强企业对先进管理经验的吸收、消化和创新能力。

3. 实现资源共享，提高企业运营效率

高校是人才的聚集地，通过校企合作关系的建立，高校和企业之间可以实现有效的资源共享，企业可以通过外包的形式将一部分工作交予高校完成，提高企业的运营效率。

4. 扩大品牌影响力

通过校企合作项目，将企业的文化和理念传输给教师和学生，其企业文化、规章制度都将成为高职院校了解、研究对象，扩大企业品牌与无形资产的影响，甚至能在无形中发掘企业潜在合作伙伴和客户群体。

（三）学生职业发展需要

校企合作符合学生职业生涯发展需要，促进解决学生就业，也有利学生提高就业竞争力。对于学生而言，通过在学校的学习最终获得比较好的工作，实现自己的人生价值，才是校企合作的意义所在。

通过校企合作的培养，学生可以获得以下两方面能力。一方面，校企合作能让学生在生产、服务第一线接受企业管理，在实际生产岗位上接受师傅手把手地

教学，遵守严格的生产纪律、一丝不苟的技术要求，感受劳动的艰辛、协作的价值和成功的快乐，使毕业与就业接轨，获得良好的职业意识与职业素养，增加工作经验和就业能力。

另一方面，不同于传统的闭门造车的人才培养模式，参加一线工作的时间能让学生走进企业，了解企业的岗位需求，找到适合的岗位，进而形成职业发展规划，实现长久发展。

三、高职校企合作的原则与条件

高职校企合作是一个长期的系统工程，要注意的问题很多，在开展合作的过程中会遇到很多疑难问题。为了最大限度避免这些问题，应坚持正确的合作原则，了解校企合作的条件，正确处理好校企合作中的注意事项，实现高技能人才培养目标和校企互利双赢的目的。

（一）高职校企合作的原则

1.校企合作的基本原则

为了适应当前社会市场对高技能人才的需求，促进高职教育的发展，发挥校企合作的优越性，在校企合作中应该坚持互利原则、互动原则、服务原则、统管原则，促进校企共同发展，如图1-6所示。

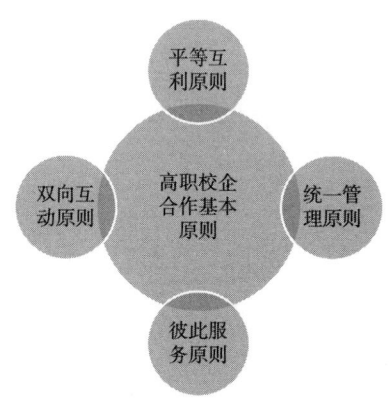

图1-6　高职校企合作的基本原则构成图

（1）互利原则

互利原则是校企合作的基础。校企合作是职业院校与企业之间的资源交换，某种意义上说是一种商业行为，要按照市场运作的方式洽谈项目、制定规则、明确双方的责任与权利。通过校企合作，企业能够获得高素质、高技能型人才，减少人才成本，加快技术发展，实现经济效益；对于高职院校能达到增强教学实力，促进产学结合，提升学生技能的目的。学校应扩大与企业合作规模，拓展合作深度，延长合作时间，必须找准"利益共同点"，建立"互利共赢"的长效合作机制。

（2）互动原则

互动是促进校企建立更紧密合作的前提。高职院校与企业都有各自的优势资源，在培训与就业工作平台上建立互动，才能保证校企深度合作的顺利开展。职业教育的资源一般包括政府资源、行业资源、企业资源、学校资源和社会资源等，只有实现校企资源共享，才能达成双方合作。

（3）服务原则

服务原则是校企合作的前提和基础。校企合作依托行业和地方经济建设，想要发展，必须面向区域、面向行业、对接产业，为行业企业人才需求服务，有效服务经济社会发展，改革、合并传统专业，淘汰落后专业，通过高素质技能型人才培养和在职培训服务产业，通过技术研发合作与应用技术推广引领产业的发展。

（4）统管原则

校企合作是双边活动，校企双方的利益与责任必须一致，要统一领导、统一管理、统一规划、统一实施、统一检查考评。从思想层面来说，双方需要步调一致，有共同的价值认可、追求，这是实现校企利益最大化的必要条件。

2.校企合作中学校、企业应坚持的原则

校企合作中主要涉及两个主体——学校与企业，作为合作双方，怎样在实践过程中，既能实现双方各自目标、利益，又能实现社会价值，办好继续教育，需要学校与企业双方各自坚持应有的原则。

（1）校企合作中学校应坚持的原则

①加强教师队伍建设：当前我国高等职业教育虽然得到蓬勃发展，但是教师队伍建设现状不容乐观。在校企合作中，仍存在领导思想观念比较落后，师资队伍结构不合理，没有健全的教师队伍管理机制等问题。教师是校企合作办学体制下的"一线"执行人，教学质量的好坏，直接决定了人才素质的高低。高职校企

应加强教师队伍建设，坚持"教育育人"原则，坚决反对任何形式的企业和老师的线下合作，以影响校企合作的顺利开展。

②以人才培养为主：人才是当今最重要的资源，是企业发展的核心竞争力，如果想把企业做大做强，必须重视人才。因此，我们要以人为本，大力培养和造就人才。而且校企合作的主要目的是加强人才培养力度，高职院校应实行人才计划和落实人才战略的关键举措，以"教书育人"为先行，认真落实好自己的本职工作，培养合格人才。

③合作双赢：校企合作长效发展的内在动力就是校企双方能够实现合作双赢。合作双方在合作过程中，风险共担、利益共享、互惠互利，最终达成长期合作的一种良好发展态势。在进行校企合作时不盲目，更不要不分良莠随便找来一个企业就与之合作，要经过认真考察、论证后，有目的、有针对性地选择那些效益好、信誉高，与专业对口或相近，有发展潜力的企业。根据学校的实际情况选择企业，不要只顾主干专业，忽视非主干专业，而应满足不同专业、培养不同类型人才的需要选择企业。

④双向互动：校企合作做到了应社会所需，与市场接轨，与企业合作，为教育行业发展带来了一片春天，是培养技能人才的重要途径，学校管理层要重视校企合作关系，与企业加强联系。双方要能够及时了解各自发展规划，获取信息，以确立近期远期的合作框架。

⑤深化教学改革：为保证"校企合作"办学模式顺利进行，学校应积极邀请合作企业参与学校教学管理，使教学计划、课程设置、教学内容、教学管理、教材建设更加适应企业用人的要求。在教学计划方面，根据校企合作的要求，调整理论课与实践课的比重，在确保理论够用的前提下，增加实践课时，以适应学生去合作企业顶岗的要求；在课程教学内容方面，实务性的东西多讲，理论性的东西精讲；在教学管理方面，企业参与课程标准的制订和质量监控，课程评价标准将教育标准、企业标准和行业标准统一起来；在教材的选用和编写上，选用适应当今经济发展要求，科学实用的教材，由企业参与编写工学结合的特色项目课程等。

（2）校企合作中企业应坚持的原则

①遵纪守法原则：遵纪守法是企业行稳致远的压舱石，是对企业发展壮大的前提。企业除了要追求利润之外，还应遵从法律和社会道德规范，校企合作中的企业理应在遵纪守法方面做出表率。作为一个有社会责任感的企业，应遵守诸如

环境保护法、消费者权益法和劳动保护法，带头诚信经营，履行合同、合约。校企合作坚决反对与不正当企业和违法企业合作。

②人才引进原则：在校企合作中，对于企业而言，最主要的利益目标是获得能为企业发展创造价值的人才。科技支撑发展，人才引领未来，人才为企业发展提供充足后劲。企业应把引进人才、培养人才、大胆使用人才作为经济健康快速发展的重要措施来抓，竭力做好人力资源工作。

③诚实守信原则：校企合作的运行发展有其自身的合作机制、规范和约束，兑现承诺是双方友好合作的前提。企业不仅应积极履行承诺责任，按时、按质、按量兑现承诺内容，也应大力促进并完善校企合作制度，使校企合作更加规范以保障双方共同利益。

④统一管理原则：校企合作是企业和学校两个独立组织之间的密切合作，在各自的文化、组织结构、执行制度等方面有很大区别，在实际落实和执行中，双方必须统一领导、统一管理、统一规划、统一实施、统一检查考评等，实现步伐一致，避免管理方面冗杂的内耗。

（二）校企合作的条件

校企合作模式指在校学习与企业实践并行，注重学校与企业资源、信息共享，为双方共同带来利益，实现"双赢"。为实现这种"互动共赢"校企合作运行机制长效发展，院校与企业都应具备应有的条件。

1.校企合作中院校应具备的条件

（1）具有进行科研、培训的能力

在校企合作中院校要能够为企业培训人才，高职教育想要得到持续稳定的发展，必须在提高办学质量和教学效能上下功夫，必须加强专兼结合教师团队的建设。

（2）设置专业平台，专人负责合作事项

为使学校更好地了解到经济、社会发展对人才素质的需求及其发展趋势，高校应建立有行业、企业参加的专业咨询委员会。另外，专人负责合作事项，不但可以协调合作中的有关事宜，还可以协助、督促解决相关问题。

（3）独立签订合同的法人资格

院校在选择企业建立合作关系时，要做好调查工作，甄别企业的目的、动机等，明确其法人地位，在政府指导和监督下进行洽谈合作。

（4）能提供相应的教学设备、教学环境、教学手段

项目应符合学校的定位和发展要求，基本符合学校重点实验室、实训基地设备一起的配置条件。

（5）具有建立实训基地的场所和办公环境

高职院校毕业生就业后要具备从事企业一线技术性工作的能力，所以院校在教学中必须具有高技术含量的、相关专业的校内外实习实训基地，为学生毕业后就业进行热身训练和能力强化。

2.校企合作中企业应具备的条件

随着时代的发展与社会的不断进步，高职院校在构建与实施校企合作办学模式过程中，针对合作企业的引入条件进行了不断提升，并非任何一家企业都具备参与高职校企合作办学模式的资格，一般应选择行业主流企业。如图1-7所示为企业参与高职校企合作的必备条件。

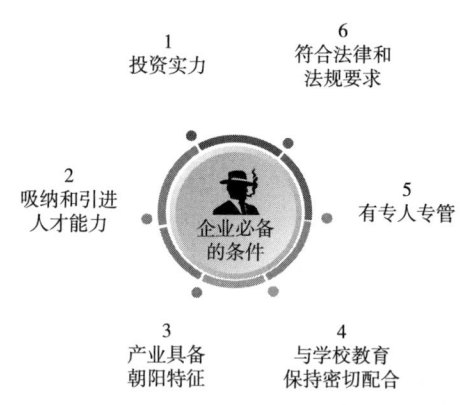

图1-7　高职校企合作企业参与条件构成图

（1）有投资实力

校企合作无论采用什么方式合作，都离不开一定程度上的投资，企业没有实力或者不愿意主动投资，校企合作就是空谈。

（2）有吸纳、引进人才的能力

校企合作中的企业要持续吸纳员工，这要求企业具备一定的发展规模、可持续发展能力和市场把控能力。

（3）是朝阳产业

校企合作培养高素质技能型人才，院校与之合作的企业应属于国家和地方的支柱产业企业或在行业中处于领先地位的高科技企业，具有持续提供同类产业先进技术信息的能力，甚至对于一些企业来说，需要提供科研平台，实现产学研紧密结合的教学。

（4）能配合学校教育工作

企业要具有一定教育热情，在企业筹建和购置资产中有职业教育方面的软、硬件长期规划和机会，并能够落实到位；要能够适合学校专业发展，配合学校管理工作，推进产、学、研结合工作。

（5）设置专人负责合作事项

专人负责合作事项，不但可以协调合作当中的有关事宜，还可以协助、督促解决相关问题，对校企合作的推进具有重要作用。

（6）经营合规合法

合规合法是对校企合作企业的基本要求，有关法律、法规禁止的项目不能进行校企合作，拟引进的校企合作项目中不能含有国家或行业协会明令禁止的设备、材料、工艺、技术等。

3.校企合作中政府的作用

校企合作除了高校（或科研机构）、企业（或金融机构）参与外，还有包括政府的介入。政府参与构建为校企合作建立制度和桥梁，促进企业主动介入职业教育，是解决校企合作，共同培养技能人才问题的关键。

（1）加大投入与监管

发挥政府的组织优势、资源调控优势和管理优势，把职业学校和企业的职业教育资源统筹规划利用，根据地域经济发展需要，确定培养方向和目标，使校企合作有序进行。

（2）加大对校企合作方的扶持

①政府应将校企合作管理经费列入财政预算，以保证管理体系的正常运行。政府利用资金宏观调控引导校企双方的人才培养方向，如用于双师型教师的培养、校企合作课程开发、实习实训基地（中心）建设和运行维护费用等，发挥政府管理职能，促进校企合作的快速发展。

②对院校进行财政拨款，可采取征收培训税，税率为企业工资总额的1%～2%，

为了鼓励企业开展培训，还可以将培训税的一部分返还给企业。

③政府在校企合作制度中，对企业要给予政策倾斜。对积极参与校企合作的企业，可以采取减免税收等方式激励企业。

（3）健全法律法规，保障校企合作

企业能否真正参与及怎样参与职业教育，是校企合作需要解决的主要问题。让企业主动参与职业教育，并能和院校做到"双向互动""统一管理"，需要以国家法律、法规、制度激励和约束为前提。

通过健全法律法规明确学校与企业双方在培养人才方面的权利与义务和法律责任，也要明确规定政府相关部门在该项工作中的法律责任及作用，从政策引导和约束两方面，既要做到让企业获得相应利益，又要保证职业院校毕业生的实习、就业等问题。

（4）发挥统筹引导作用

政府要对建立的校企合作体制、机制和制度加以保障，发挥统筹和引导作用，打破院校与企业合作的不对等关系，降低合作风险，调动双方积极性，增强合作稳定性。

第二章
高职校企合作模式

高职校企合作是高等职业院校与企业、行业、服务部门等校外机构之间的合作，研究高职校企合作办学模式，本质目的在于促进高等职业教育与经济社会发展紧密联系，形成院校与企业良性互动，达到互惠互利的双赢关系。

模式是指解决某一类问题的方法论，把解决某类问题的方法总结归纳到理论高度，就是模式。本章概括分析国内外高职校企合作办学模式，并介绍高职校企合作的基本建设及其组织与运行，帮助读者对高职校企合作办学模式形成初步的认知。

第一节 国内外高职校企合作模式

校企合作是职业院校提高人才能力素质的重要举措，我国于20世纪60年代引入"校企合作"模式，经过多年发展，已形成独有的校企合作模式。与国内相比，国外"校企合作"模式起步较早，对其进行研究分析，有利于完善我国校企合作模式。所以本节就国内国外两个方面对校企合作模式进行阐述，并对我国校企合作完善和长效发展提出建议。

一、国外高职校企合作模式

高职校企合作是发达国家高职教育的一大特点，它促进了发达国家高职教育和经济社会的发展。经过多年探索，国外发达国家不仅在校企合作方面形成了较为成熟的运行机制，还创建了各具特色的创新实践模式体系，如图2-1所示。

纵观图2-1中所示国外职业教育校企合作模式，不难发现每个国家的校企合作模式都具有自身的特点，而其特点产生的原因则是在于本国当时社会经济发展的现实情况各有不同，从而在人才的需求方面也各有不同。但是这些职业教育校

第二章 高职校企合作模式

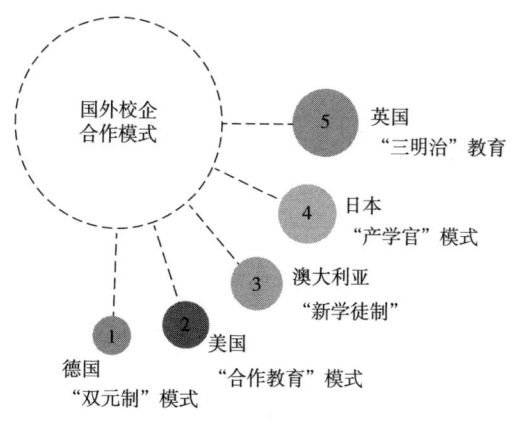

图2-1 国外职业教育校企合作模式

企合作模式显然能够给我国高职校企合作的长远发展以启示。

（一）德国——"双元制"模式

"双元制"模式是指学生在学校接受理论学习的同时，又在企业接受实践技能培训。所谓双元，指参加培训的人员必须经过两个场所的培训，一元是在职业学校，学习专业理论知识，另一元是在企业或公共事业单位等校外实训场所，接受应用技能的专业培训。

德国实行的"双元制"职业教育，是校企合作的典型代表，在德国有十分重要的地位。学员每周在企业里接受3~4天的实践教育，在职业学校里接受1~2天的理论教育。职业学校的专业理论在于加深和补充普通教育，并辅导学院的实践培训，其中60%是专业课程，40%是普通教育课程。双元制可以给学生职业所需的知识和技能，让他们将来无论从事哪一个层次的职业，都能有基础性的知识构建。

1."双元制"模式的优势

"双元制"模式作为德国职业教育发展的基础，不仅为本国输送了大批优秀的技术型人才，同时也为全世界职业教育的发展做出了贡献。其中存在的优势值得各国职业教育专家与学者进行深入的挖掘。

如图2-2所示，"双元制"模式的内在优势体现了其对职业院校、企业、学生的发展能起到至关重要的推动作用，更重要的是能够在社会经济发展中发挥重要的促进作用。具体而言，以下三方面是最为直接的说明。

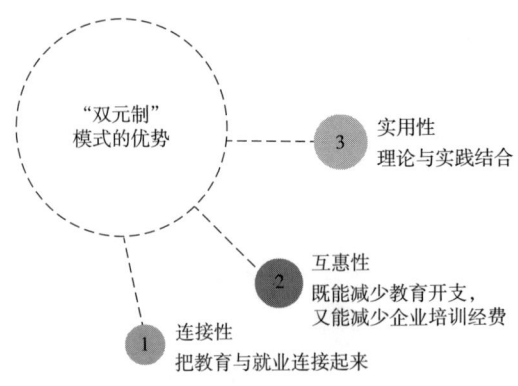

图 2-2 "双元制"模式的优势

（1）连接性

即把教育与就业连接起来。双元制职业教育既培训专业知识和技能，又注重学生的实践能力，使受培训者具有学生、徒工双重身份，着重于培养能实现就业的应用型人才。

（2）互惠性

即校企双方都能得到利润。双元制职业教育学习实践场所在企业，利用企业原有的场地、设备和技术，减少职业学院的开支；企业也可以通过受培训者的廉价生产力劳动得到补偿，能够大大减少培训员工费用，获得品牌和经济效益。

（3）实用性

即将理论知识与实践结合。双元制职业教育既重视学生理论知识的学习，又注重学生动手能力的培养。

2. "双元制"模式对我国校企合作的启示

"双元制"职业教育模式在德国的企业中应用很广，近几年也被我国的一些企业借鉴或采用，它对我国校企合作的启示如图2-3所示。

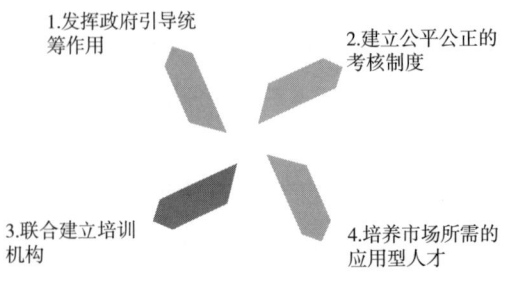

图 2-3 "双元制"模式对我国校企合作的启示

通过图2-3所传递的信息，可以看出"双元制"校企合作模式对我国高职消息合作办学模式的形成与发展起到了至关重要的推动作用，值得我国高职教育领域加以深度借鉴，具体表现主要包括四个方面。

（1）发挥政府引导统筹作用

校企合作需要有完备的政策法规，为其顺利实施保驾护航，使企业和院校在机制上、法律法规上、经费上能合理合法有效地进行合作。在德国市场经济高度发达的国家尚且需要政府干预指导，在我国市场经济与计划经济相结合的情况下，更需要政府发挥积极的引导统筹作用。政府应当制定完备的政策，加快立法，确保校企合作的顺利实施。

（2）建立公平公正的考核制度

德国"双元制"模式发展过程也是不断完善考核制度的过程，考核不能只听一家之言，应由行业协会、企业、学校三方选出代表组成考试委员会，公平公正的考核方式才能使岗位证书更具权威性。

（3）联合建立培训机构

在校企合作中，中小企业的规模难以单独和职业院校合作，而组织企业联合举办或者由行业主办跨企业培训中心则能弥补这一缺陷，这种形式将成为非常重要的职业教育发展途径。

（4）培养市场所需的应用型人才

职业院校和企业之间要密切合作，校企相互介入培养人才。职业院校要关注企业对人才的需求，及时调整教学计划、课程设置、实训实习等，确保毕业生能符合企业和行业的职业能力要求，培养市场所需的应用型人才。

（二）美国——"合作教育"模式

美国的校企合作有多种培养模式，"合作教育"是美国校企合作、工学结合教育中最有影响力和最为成功的模式。

美国的"合作教育"模式是指学生的学习和工作时间交替进行。与德国的"双元制"模式不同，它的具体实施是在大学生学习半年后，再将企业实际训练和大学理论学习交替进行，最后集中到学校学习理论直至毕业。

这种模式办学以学校为主，学校在校企合作中占主导地位。学校相关专业与企业签订合作合同，由企业派管理人员辅助学生进行劳动和实际操作，评定学生的成绩、工作质量等，并给予学生工作劳动报酬；学校则派遣教师到企业指导、监督学生劳动。

1. "合作教育"模式的经验

自1906年美国教授汉曼·施奈德首次提出"合作教育"，至今已经在美国有一百多年的历史了，它的成功有其特有的经验（图2-4）。

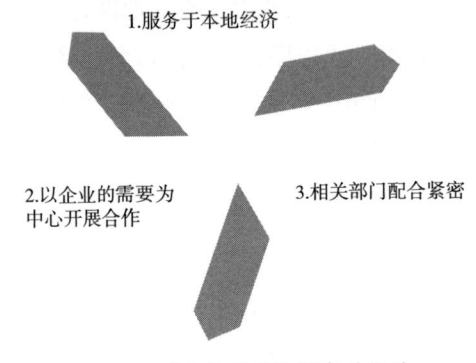

图2-4 "合作教育"模式的经验

1. 服务于本地经济
2. 以企业的需要为中心开展合作
3. 相关部门配合紧密

从图2-4中能够清晰地看出，美国高职教育"合作教育"模式以服务企业发展和社会经济进步为中心，并且能够做到让有关部门紧密联合在一起，确保人才质量提升成为促进企业和社会经济发展的原动力。对此，这些经验显然值得深入思考，更值得将其加以深度借鉴。

（1）服务于本地经济

"合作教育"模式的成功在于紧密结合本土实情，服务于本地经济。美国的社区学院以服务本社区经济为宗旨，与当地企业进行合作教育。既能帮助学生实现就业，也能促进本地企业更好地发展，形成了更加明确的就业目标，提高了学校、企业、政府等合作的内在驱动力。

（2）以企业的需要为中心开展合作

从招生、专业设置、教学到学习，"合作教育"模式注重以企业的需要为中心，培养为企业所需的合格的应用型人才，教学计划、课程设定等均在企业的参与下开展。

（3）相关部门配合紧密

校企合作的开展涉及的部门和人员相当广泛，学校、企业、政府、学生，甚至新闻媒体、银行等各方部门都需要相互配合，密切合作，实现"合作教育"的有效运行。

2."合作教育"模式对我国校企合作的启示

美国的"合作教育"有许多值得我国校企合作学习的地方（图2-5）。

图2-5 "合作教育"模式对我国校企合作的启示

如图2-5所示，美国"合作教育"模式经过多年的实践摸索已经形成了一套成熟的校企合作模式，很多细节值得我国在探索高职校企合作办学模式创新发展中去借鉴和内化，进而为我国高职院校不断培养高质量人才提供强有力的实践基础。

（1）院校要充分发挥能动性

根据"合作教育"的"服务于本地经济"经验，可以看出院校立足于本地经济、本土实情的发展，充分发挥能动性能大大提高校企合作效率。院校要善于利用各级政府及教育主管部门关于校企合作的优惠政策，拓展与企业的联系，积极探索校企合作人才培养模式。

（2）政府要善于使用政策

校企合作的驱动力是"双赢"，政府要做的角色就是让校企双方都"有利可图"。学校的目的是实现学生就业，企业想在这一过程中降低人力资源成本，增加企业利润，保持竞争力。但目前校企合作的情况是企业处于买方市场，企业的主动性不高。政府一方面要加强宣传力度，制定相关扶持政策，让企业认识到这是双赢之举；另一方面要帮助学校了解企业对员工的知识与能力要求，提高应用型人才素质。

（3）完善相关法律法规

企业参与职业教育的积极性不高一直是我国校企合作的一大难点，归其原因是行业企业参与职业教育的确还没从根本上得到解决。我国应加快立法工作，制定相关政策，完善管理制度，把学校和企业在校企合作中的责任固定下来，维护并保障企业、学校以及学生的合法权益，以行政手段明确参与方的责任与义务，以建立校企合作的长效机制。

（三）澳大利亚——"新学徒制"模式

学徒制是一种传统的职业教育形式，新学徒制是吸取借鉴传统学徒制优点的基础上发展起来的，其核心是积极发展学徒制培训。澳大利亚联邦政府于1998年1月1日开始实行"新学徒制"培训计划。新学徒制规定，提供学徒培训的雇主与学徒之间应签订培训合同，同时培训合同要在相关的州和地区的培训局注册。

澳大利亚的新学徒制职业教育的承担者是TAFE。TAFE即澳大利亚各州和各地区内的技术与继续教育学院，是在澳大利亚政府直接指导下建立并逐步发展起来的。

澳大利亚的新学徒制职业教育偏重实践经验，学员80%的时间参与工作，在工作中学习，只有20%的时间在学校学习。TAFE所有文凭资格是全国互通与承认的，专科文凭课程也受到各大学的认可，这些学生在继续攻读大学学位时可以免修部分学分。

新学徒制在各行业的普及和推广是澳大利亚职业与技术教育体系成功的重要标志。

1. "新学徒制"模式的经验

新学徒制能够在澳大利亚得到良好发展，使其成为世界上职业教育发达的国家之一，有以下几个因素。

（1）设置专门的培训服务中心

为了使新学徒得到良好的发展，澳大利亚各州和地区设立了300多所新学徒制培训服务中心。服务中心免费向社会提供服务，帮助培训机构（企业或公司、职业学校）和学徒双方达成培训协议，获得政府的财政资助。

（2）学员没有年龄限制

TAFE学院招生没有年龄限制，学生群体中既有十几岁的中学毕业生，也有七八十岁的老人，只要你想学习，就可以有这个机会。

（3）TAFE学院教育体系成熟

TAFE学院的职业教育和培训种类繁多，可以为不同层次，如专业、非专业、高级技师、技师及操作员等人员提供技能培训。

（4）TAFE文凭资格证书的权威性

澳大利亚各行各业非常看重TAFE资格证书，无论是技能要求高的工作岗位，还是大学本科以上学历的毕业生，都必须先取得TAFE培训相应证书，才能就业。此外，在通过TAFE学习后取得的职业资格证书和文凭，不仅获得澳大利亚政府的承认，同时还获得所有英联邦国家的认可。

（5）有法律法规作保障

新学徒制规定，提供学徒培训的雇主与学徒之间应签订培训合同，同时培训合同要在相关的州和地区的培训局注册。

（6）注重培养学员的职业能力

通过TAFE的课时设置即可看出，TAFE学院看重学员职业能力培养，旨在让毕业生能较快适应社会岗位需求。

（7）教育体系灵活

TAFE教育的招生对象和目标决定了其灵活的教育体系。TAFE的课程安排既有阶段性又有连续性，学员可以不同时期，针对不同需求选择相应的课程。

2."新学徒制"模式对我国校企合作的启示

"新学徒制"模式的成功对于我国校企合作开展有许多借鉴的地方。

（1）不仅要重视"请进来"，也要重视"走出去"

职业学院应该和企业、社会、行业、政府紧密联系，积极开展联合办学。不仅要重视"请进来"，聘请有经验的专业人员给学生培训，在工厂、行业等实际场所授课培训，也要重视"走出去"，根据市场和企业需求及时调整培训课程和学习目标，帮助学生实现高质量就业。

（2）加大职业教育改革力度

职业教育改革是我国职业教育发展过程的必经之路，可以从以下几个方面具体实施。

创新职业教育的管理体制，完善政策法规保障体系，推进校企合作、产学结合；加大院校内部管理体制改革，扩大和落实办学自主权，深化专业设置、招生计划制定、认识、分配等制度改革，推进后勤服务社会化改革。

加强师资队伍建设，尤其是加强"双师型"队伍建设，创造条件引进人才，组建一支培养高技能、高素质人才的师资队伍。

以市场为导向，提高高等职业教育成果的转化率。政府按照市场运营机制，将给院校的津贴和教育质量及教育市场需求挂钩，鼓励开设与市场相适应的专业课程，刺激院校竞争力，提高自主能动性。

(3)推进教育国际化进程

开放国际市场,扩大教育与培训市场,推动与全世界特别是发展国家院校联合办学,并推动保障海外留学生的教育服务质量。

(四)日本——"产学官"模式

"产学官"模式,顾名思义就是产业、大学、政府三者共同合作,"产"是指以企业为代表的包括行业协会和地方性财团在内的产业界;"学"指以高校为代表的包括研究性机构在内的公共研究机构;"官"指以日本文部省为代表对产学官合作给予指导性意见的政府机构。三者相互影响,相互制约,经过不断地磨合发展,最终形成比较高效的策略性互动机制。

日本"产学官"模式历史悠久,历经波折,从"明治维新"初期的萌芽状态,到20世纪60年代受到人们的重视,再到20世纪80年代日本国内对于它的重要性再次怀疑,直到20世纪90年代"产学官"模式才得到日本各界的认可。

20世纪90年代是日本经济低迷的十年,泡沫经济崩溃,国际竞争激烈,企业为节省资金开销,放弃年功序列制和终身雇佣制下的人才培养模式,自付主义即自己负担培训费用的模式逐渐盛行,大学和各个地区的产学合作得到快速发展。

20世纪90年代后半期开始,日本通过一系列措施对产学官合作模式进行调整,以适应社会和产业界的要求,围绕产学官的合作制定了一些有效的制度和措施。其核心是以市场调节为基础,政府介入并干预合作为前提,实现多方综合协调发展,推动日本经济发展。

总之,"产学官"职业教育模式的发展变化与日本社会、经济、政策的变化密不可分,还与日本实施的国家创新体系有着相辅相成的作用。产、学、官相结合模式是日本构成国家创新体系的基石,这一整个体系政策的实施运行,对日本这个后发展国家赶超其他国家起到了强有力的推动作用(图2-6)。

图2-6 日本"产学官"模式的经验

第二章 高职校企合作模式

1.日本"产学官"模式的经验

结合图2-6中所提到的"产学官"模式运行过程中，日本所获得的具体经验，以及当前我国高职教育校企合作模式构建与运行的现实情况，可以看出有很多成果经验值得我国广大高职教育工作者，以及该领域的相关学者去深思，以下笔者就结合这三方面所取得的成功经验进行深入的分析，并将其成功之处做出明确的论述，希望能够为我国高职校企合作办学模式的进一步完善提供一定的理论支撑作用。

（1）政府发挥作用

相比于日本的学习模仿对象美国，日本政府在"产学官"的模式中的介入和干预更多。

首先制定各项法律、法规，从法律角度鼓励产学研合作，保障参与者的合法权益。如颁布《产业振兴法》等一系列职业教育法律法规，为职业教育的实施与运作提供法律保障。

其次，出台并实施《产学共同研究政策》《促进大学风险企业发展政策》等，搭建完善校企合作交流平台机制。

最后，日本政府开发各种商业计划，创造商业机会，鼓励产学研参与方都加入其中，体现政府的服务职能。

（2）职业资格有权威

日本推行职业资格鉴定制度，由政府做出明确考试规定，这项考试制度成熟能够反映出学历文凭无法反映的职业能力水平，在日本受到求职者和用人单位的普遍重视。

（3）校企合作形式多样化

日本校企合作形式多样化，有"企业投资或捐赠""校企人员交流""技术指导""企业与学校共同开展研究""企业通过技术转移利用大学专利"等形式，灵活深度的校企合作形式有利于达成共赢。

2.日本"产学官"模式对我国校企合作的启示

"产学官"模式在一定历史时期内使日本得到快速发展，实现赶超式发展，对于我国目前阶段有着积极的借鉴意义（图2-7）。

日本政府在职业教育校企合作模式的运行过程中发挥的协调作用较为直观，并且能够做到产学研工作的自主开展，还能充分调动教师增强自身职业能力的积

```
        1.增强政府的协调作用


2.实现产学研自主性    3.加强教师的职业能力
```

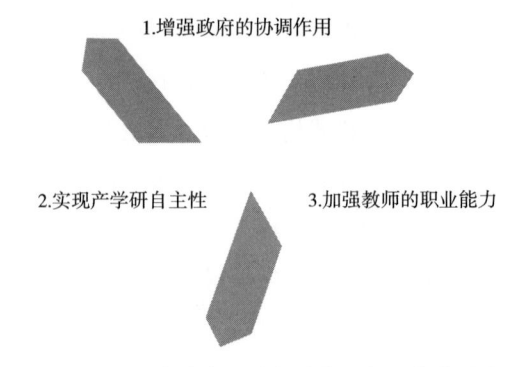

图2-7 日本"产学官"模式对我国校企合作的启示

极性与主动性。以下从三个方面具体分析。

（1）增强政府的协调作用

在构建校企合作过程中加强政府的引导、规范和协调作用，营造良好的校企合作环境。

（2）实现产学研自主性

发挥院校办学自主权及学科优势，充分调动学校积极性，真正实现产学研自主性。

（3）加强教师的职业能力

教师质量的好坏决定职业院校的教学质量，积极采取多种方式加强专业教师职业能力的培养。

（五）英国——"三明治"教育模式

"三明治"模式是一种"理论—实践—理论"的人才培养模式，其实施方式是在两学期之间，通过在校授课和到企业实习相互轮替的教学方式实现以职业素质，综合应用能力为主的人才培养目标。

在英国，这种培养模式主要有两种形式：第一种形式分为三个阶段，学生中学毕业后，先在企业工作实践一年，接着在学校里学习完二年或三年的课程，然后到企业工作实践一年，即所谓的"1+2+1"和"1+3+1"教育计划；第二种形式是第一、二、四学年在学校学习三年理论，第三学年到企业进行为期一年的实践，即所谓的"2+1+1"教育计划。但是无论用哪种方式完成"三明治"课程，学生都需要在最后一年回到学校完成学业。

1.英国"三明治"教育模式的发展历史

20世纪初叶是英国"三明治"教育模式的初创期。为有效服务当地工商业的发展，英国桑德兰技术学院开启了"三明治"教育模式，开始是"工学交替"教学模式的摸索，之后随着工业革命的发展，一些学校和培训机构开始增加新的应用科学和实用技术，增强与当地企业的合作，为学生获得实用技能创造条件。

20世纪中叶是英国"三明治"教育快速成长期。这一时期，英国经济发展进入另一阶段，提升职业技术教育水平成为英国政府的重要课题。1945年，英国政府对当时的职业技术教育发展情况进行专项调查，诊断分析，得出了一份影响英国教育史的报告——"珀西报告"。该报告指出了当时的英国职业教育面临的困境，并提出了相应的变革措施。

困境：

①职业技术教育质量良莠不齐。

②受教育者实践能力不足。

③产业界与教育界缺乏联系和协作。

措施：

①大学和高等教育院校开设全日制三明治式课程。

②建立地区性和全国性职业教育协作和协调机构，加强与企业界的合作。

③成立不同的推动"三明治"教育和产教结合的机构、咨询委员会。

20世纪80年代～21世纪，英国"三明治"教育模式进入成熟阶段，逐渐形成其特色模式。如产生了为企业和高校"牵线搭桥"的中间机构教学公司，专门组织双方共同参加的科技协调项目，使多方能够建立比较稳固的合作关系；再者是建立和完善了国家职业资格证书体系NVQ和GNVQ，确立职业资格证书的权威性。

2.英国的"三明治"教育模式对我国校企合作的启示

英国的"三明治"教育模式是世界高等教育模式的成功范例之一，是理论与实务的一次成功结合，对我国校企合作有重要的借鉴意义。

（1）政府的高度教育自觉

"三明治"教育能在英国发展并走向成熟，形成在世界范围内都有重要影响的产学研合作教育模式，政府发挥了关键性作用，体现了英国政府的高度教育自觉。所谓"教育自觉"是政府高度重视应用性技术人才的培养质量，将其放在国家经济长远发展的基础和战略地位上，同时，采用立法、行政和财力优势平衡各方利益，化解各种矛盾，规范和约束合作各方的行为，引导合作发展。

（2）实施有针对性的财政补贴

"三明治"教育的推广落实需要充足的经费作为支撑和保障。1965年英国工程培训委员会成立，增加对"三明治"教育和企业培训经费投入，保证校企合作的顺利运行。1982年，英国政府对参加三明治教育的学生提供资助，用于企业安排学生进场学习和实习。英国政府为保证三明治教育的发展而采取的针对性十分明确的财政补助、政策支持等多种途径的举措，对我国政府提升职业教育水平，推进产学研合作的深入发展具有一定的借鉴意义。

（3）企业参与制定职业资格标准

20世纪80年代起，英国政府积极建立统一、开放的国家资历证书体系。职业资格等级标准经行业协会、行业专家、企业和教育专家的参与、制定，与实际岗位需求紧密结合，英国政府还专门设立了资格证书的评价和颁证机构，对教育培训的结果进行严格的考核和监督，确保资格评定工作的公平公正和质量，不仅大大提升了资历证书的统一和权威性，还解决了就业准入制度不切合现实的问题等，确保校企合作深入发展。

二、我国校企合作的主要模式

我国从20世纪80年代末引进校企合作办学，至今已有近四十年的历史，由最初的模仿借鉴到自主创新，国内的校企合作模式取得初步成效，主要形成了以下四种模式（图2-8）。

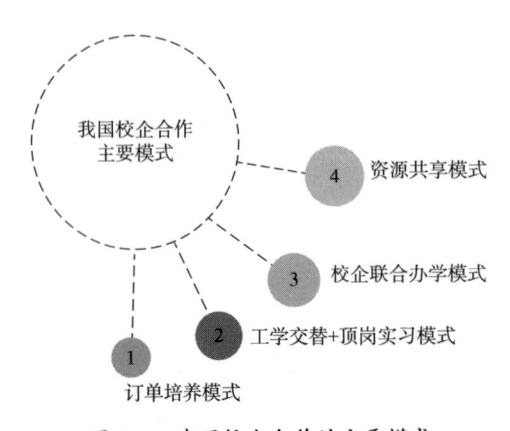

图2-8 我国校企合作的主要模式

（一）订单培养模式

"订单培养"是当前教育部门借鉴企业"订单生产"概念而提出的一种人才培养模式。所谓"订单培养"，就是指企业根据岗位需求与学校签订用人协议后，由校企双方共同选拔学生，共同确立培养目标，共同制订培养方案，共同组织教学等一系列教育教学活动的办学模式。

订单培养模式有两大前提条件，一是企业对人才有订单培养的需求，企业通过与职业学校的合作培养人才，节约人力资源培养成本，实现自身利润最大化。二是学生可以通过订单培养模式实现就业，学生经过专业并且有针对性的学习，成为企业的"准员工"，毕业即可实现就业。

企业指派理论知识丰富和实践能力强的企业专业人员到学校兼课并指导学生到企业顶岗实习，并提供实训设备和场地，为学生提供部分或者全部学费、奖学金、助学金；院校对学生进行知识、品德等常规教育，还培养学生对企业文化的学习，强化与企业文化有密切关联的教育；学生毕业之后到本企业就业，学以致用，并且可以根据将来从事的职业岗位知识与技能的特点培养自己的职业兴趣和工作爱好，提高在校学生的自觉性。

综上所述，订单培养模式能够实现企业、院校、学生的"三赢"，它在一定程度上整合了社会教育资源，有效地培养了一大批应用型技术人才，提高了人才培养的质量，是市场经济条件下企业人力资源开发的必然选择。

订单培养模式是在当前国家大力扶持和发展职业教育的背景下，不断探索出的模式和道路，从实施的过程和结果来看存在以下两个缺点。一是该模式下校企双方合作不牢固，比较松散，职业院校培养人才的时间较长，在这一过程中，各方都会随着社会经济的发展而发生变化，不容易完全组织实施；二是校企双方合作经济利益点单一，不稳定性很大。

（二）工学交替+顶岗实习模式

工学交替+顶岗实习是将学生在学校的理论学习与到企业顶岗实习相结合的教育模式。工学交替有两种类型，一是教学见习，二是工学交替。学生利用假期时间，到企业接受职业技能、职业道德、安全意识、劳动纪律等的培训，增强学生的责任感和职业精神。顶岗实习是在校内完成教学计划规定的全部教学内容后，采用学校推荐与学生自荐的形式，到用人单位进行为期一年的顶岗实习。

工学交替+顶岗实习模式符合当前职业教育所需人才的培养，这种模式不但降低了学校和企业双向的投资成本，又能让学生在动手实践操作的过程中体会到产品的实际生产过程和企业环境的氛围，为以后快速适应工作岗位打下良好的基础。

工学交替+顶岗实习模式也有缺点。一是在这种模式下企业前期培训投入大、产出小，易造成积极性不高的局面；二是学生在企业的实习时间较短，人才流动性大；三是学生在企业实习时，会比在学校更容易出现安全风险。

（三）校企联合办学模式

校企联合办学模式是指学校与企业紧密结合，根据企业的需求进行办学的一种模式。相比于前两种，这种模式下校企双方联系更加密切，共同开发专业及课程，分享市场就业信息，共同开发办学条件等，做到统一管理。

校企联合办学模式有以下几种类型（图2-9）。

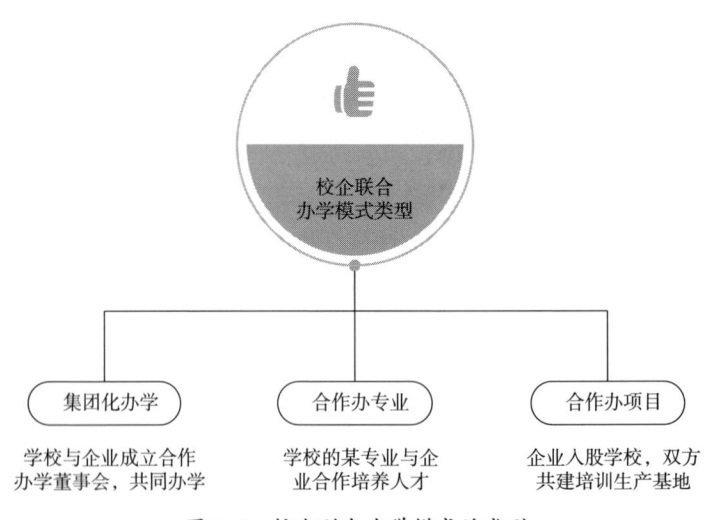

图2-9 校企联合办学模式的类型

- 集团化办学：学校与企业成立合作办学董事会，共同办学
- 合作办专业：学校的某专业与企业合作培养人才
- 合作办项目：企业入股学校，双方共建培训生产基地

校企联合办学模式实现了校企双方的深度合作，能够最大限度发挥双方资金、设备、人才、培训等优势，从而降低成本，企业能减少人力资源成本，并且不用为人才获取渠道担忧，院校也能降低培养人才的成本，在让学生学习专业技能同时，保证毕业生的就业率。

但是由于合作形式的限制，校企联合办学双方的产权、使用权容易发生争执与矛盾，利益点的纠纷可能会对双方合作产生不利影响，从而降低人才培养水平和就业率。

（四）资源共享模式

资源共享模式是以学校或企业一方为主体，另一方为辅助，通过协议的形式，明确责任与义务，对优质的教育资源进行共享、共用、共管、共担，以各尽所能、各用所长、校企共赢为原则培养人才。

资源共享体现了双方优势资源的相互融合，通过资源整合，将收益最大化，院校教师可以通过在企业的学习和实际操作，了解专业发展动态，掌握市场行情，增加教学的可实际应用性。

但当前我国的资源共享模式也面临着困难，如职教院校教师的实际应用技能不高，或者企业技术人员的执教能力较差难以满足教学需求，或者在合作过程中，学校的教学任务与技能应用实习任务教学发生冲突等。

第二节 校企合作的基本建设

校企合作是一个系统工程，应有明确的基本制度、岗位职责规范和学生管理制度。在目前的学校和企业的合作中，市场处于"卖方市场"，即学校处于被选择的状态，职业院校想与企业达成协作，必须让企业看到双方合作能为其带来经济效益。而校企合作基本建设的健全和完善能为双方带来更稳固的合作关系，增强企业参与热情和对项目的投入力度，保证校企合作长久有效的运行。

一、基本制度建设

校企合作可以从其政策扶持、媒体、协调机构、人才培养培训、技术创新、师资队伍等方面建立应有的社会保障制度，另外还应该建立一系列行之有效的规章制度来约束合作方的各种行为规范。

制定相应的扶持政策是政府在校企合作中应采取的必要措施。扶持政策包括两方面，一方面是不断加强、完善和改进相关法律，发展标准和证书制度，确保校企合作的法律地位，切实保障企业在校企合作过程中的地位和权利，提高参与校企合作的积极性；另一方面，成功的校企合作是建立在互惠互利的基础上，因此校企合作既要强调企业的义务，也要保障企业的权利。如给参与校企合作的企业税收优惠、人员补贴和科技优先的权利，在产品开发、贷款等方面开通优惠政策；要求高职院校确保企业正常生产秩序的权利，具有要求实习学生尽量为企业节约成本并创造利润的权利，在培养目标、专业建设、课程设置、教学形式、实训实习以及师资队伍建设等方面具有充分的话语权等。

媒介是校企合作中企业对外宣传的窗口，推动校企合作向纵深发展是媒体应有的社会责任。社会媒体可以为企业与学校搭建平台，形成定期宣传或开辟专门的频道或版面报道校企合作动态、合作优势和合作成果等，使企业能够借助学校这一窗口展现企业形象、塑造企业品牌，向外界辐射产品影响力，从而提升企业在公众中的认知度和知名度，形成品牌效应，提高企业参与校企合作的热情。

政府应设立专门协调机构来调节、规范和推动校企合作。为了推动院校和企业的合作，作为第三方的政府需要做好宏观调控。

企业应立足长远，树立成熟的合作办学思想，参与人才培养，打造现代化的"学习型企业"，把参与职业教育、校企合作作为企业上台阶、上档次的重要途径，促进形成企业与学校共建人才培养培训联合体制度。

校企合作不仅是学校与企业的合作，更是科技与经济结合的合作行为。高职院校高水平的科研能力是让企业持续参与校企合作的又一重要动机。高职院校应不断更新校企合作理念，大力提升自身的教学质量、科研水平和社会服务水平，针对企业的发展需要设定科研共管和研究方向，形成足以吸引企业参与合作的实力与魅力。

在企业设立教授工作室，促进教师与企业的沟通，为教师搭建交流平台。校企合作中面临一个问题就是职业院校师资建设问题，院校的教师缺乏对生产组织方式、工艺流程、行业发展趋势的了解，而企业成熟的工程师与技术人员虽然对这方面很了解，但缺乏对理论知识的研究，通过这一平台，既能让教师实现研究成果的快速转化，又能引导学生结合实际情况分析问题、解决问题，推动校企合作深入开展和落实。

校企合作应建立一系列行之有效的规章制度，来约束双方的各种行为规范。规章制度的设置要有法律效力和可实施性，在双方有争议时，用制度判断裁定，给校企合作以法律保障。

二、岗位职责建设

在校企合作过程中，很多情况下不能定岗定位，常常会出现一岗多职或者一职多岗的状况。根据负责校企合作的内容，可以把岗位职责分为三类。第一类是单一协调和管理，该岗位是指把校企合作的内容定位在协调为主的同时，兼之以一定的管理职能；第二类是部分固定职责与协调，这种岗位职责是指把校企合作的内容定位在以某种职能为主的同时，兼以其他职能；第三类是全方位协调和管理，这个岗位旨在对校企合作进行全方位的管理，使其真正发挥功效。

三、学生管理

校企合作旨在培养学生综合职业能力,学生管理体系可以从知识课程、角色转化、规定规范三个方面进行加强建设。

校企合作下,学生在校学习期间不仅要学会理论知识,还应学习实操技能和企业文化。

校企合作在学校和企业中起到纽带作用,学生通过在院校的管理和学习能够更加适应企业,进而完成角色的转化。

俗话说,"无规矩不成方圆",校企合作应和普通院校一样,对学生有明确的管理规定。

除了上述三个方面外,在进行学生管理时还要注意以下几个方面(表2-1)。

表2-1 学生管理要点

劳有所得	企业不能在合作期间将在校学习、实训的学生作为廉价劳动力使用,要按照企业劳动付酬规定支付学生劳动报酬
保障学生人身安全	无论在学习还是在实习阶段,双方都要注重学生的人身安全
保证学生权益	学生在实习阶段,企业要为学生购买劳动保险;切实保护好学生的知识产权和发明专利,不能盗取或窃用学生的发明创造
进行心理调节	校企合作促进学生定向就业,具有单一性,学生随着年纪、阅历的增加,可能会产生心理变化,学校应及时做出心理干预
灵活进行招生就业	职业院校在专业选择上要为学生提供灵活的转换专业、调剂机制,便于培养出合格的、创新的、高技术型的应用型人才

纵观表2-1所示高职学生管理的侧重点,可以发现管理的重心体现在"管"的层面,以学生心理疏导为主的"理"成为辅助,以此来确保学生管理工作的安全性。

第三节 校企合作的组织与运行

一、校企合作程序

院校与企业合作需要一套基本的流程,从双方洽谈、拟定协议、实施协议到最终的绩效评价,条例清晰的流程能够保障工作的有序进行(图2-10)。

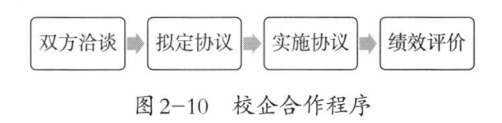

双方洽谈 ➡ 拟定协议 ➡ 实施协议 ➡ 绩效评价

图2-10 校企合作程序

通过图2-10,可以看出当前在我国校企合作模式的组织与运行过程中,主要流程体现在四个部分,每个环节的具体操作内容如下。

(一)双方洽谈

校企双方达成合作的前提是互相交流各自的看法,就双方任务目标进行友好、有效的谈判,能够大体上达成共识,确定共同目标,以便更好地实施。

从洽谈内容来看,校企双方一般从合作模式、目的与动机、办学层次和机构设置、专业及培训期限、效益及产权管理、安全与防范等方面进行沟通。前期的有效沟通是企业与院校达成合作的前提,为校企合作后续实施奠定基础。

(二)拟定协议

通过双方的洽谈,如果能在合作方向、目的、权利和义务等方面达成一致,且双方都具有较强的合作意向,就需要进行第二步拟定协议,以具有法律效力的文件保护双方合法权益。

拟定协议需要先起草协议，经过校企合作办公室审查后，进行双方资产评估。资产评估即分别评估双方合作中资产或资本的投入，对其价值、相关资源配置进行考核，涉及金额度比较大的项目及时进行审核。最后是签订协议，双方在合作办公室或第三方公证机构主持下签订，负责人签字盖章，必要时请专业律师进行现场公证或对协议内容进行法律鉴定和公证。

（三）实施协议

具有法律效力的文件签署后，就需要负责这一协议的有关部门落实，这一步是校企合作的中心环节。首先双方要保证生源，除了职业院校有计划地落实招生计划外，企业也可以提供合适的人进行培养。然后要选择实训基地，可以在企业原有场地上改造，也可以直接建造实训基地，但无论采取哪种方式，一定要对场所进行安全评估，学生的安全是根本。最后安排正常的教学任务，落实教学计划，进行正常的教学活动，从实际出发对学生进行教育和管理。

（四）绩效评价

在校企合作实施以后，要进行绩效评价，总结分析。这一步是对校企合作实施效果的评估和总结，协议结束后，若双方还有继续合作的意向，可继续签订合作协议。

二、校企合作的组织机构

校企合作需要设置相关机构，双方人员根据职能情况进行任职，规范化管理职业教育，协调合作双方中出现的矛盾，强化学校的校企合作管理并推进校企合作的深度融合。

组织机构从上至下逐级设置，按照层次可以划分为四种机构类别（表2-2）。

表2-2 组织机构按照层次划分的类别

机构类别	机构组织	组成形式
决策机构	决策机构是由最高管理者进行优化后的组织，在双方合作过程中起着重要的决策作用	①由董事长、副董事长、各位董事组成的董事会 ②由主席、主席团和各个委员组成的校务委员会 ③由理事会、副理事长和各位理事组成的理事会 ④由委员会主任和各位委员组成的校企合作委员会

续表

机构类别	机构组织	组成形式
执行机构	执行机构是在决策机构的领导下展开，通过正式会议后的各项决议	①校企合作办公室，由主任进行领导，双方各个执行人员担任一定的职务 ②校企合作执行委员会，由主任执行各项决策层的决议 ③校企合作中心，由中心主任领导各个成员进行日常工作
操作机构	操作实施各项决议的组织	①专业指导委员会，由主任和委员组成 ②企业评教评学委员会，由主任和委员组成 ③专业建设委员会，由主任和委员组成 ④合作学院，由院长、副院长和名誉院长组成
监督机构	为促进双方合作顺利开展，对合作项目进行专业评估和权威发布的组织	监督机构一般是由政府监督管理部门和第三方企业或者政府认可的第三方评估公司或担保公司担任。具体形式是成立校企合作监督委员会，一般由委员长、机构委员和双方最高领导人担任

从表2-2中可以看出，我国高职教育校企合作模式的组织机构包括决策、执行、操作、检查四个层次，其组织结构的基本构成以及组织形式各有不同，发挥的职能和作用较为明显。

学校在校企合作中通常设置"校、院、专业"三级组织机构，分别是校企合作办学理事会、二级学院校企合作委员会和专业建设指导委员会，具体的组成与任务职责如表2-3所示。

表2-3 学校在校企合作中设置的组织机构

组织机构	成员与机构	工作任务
校企合作办学理事会	理事会在市政府的指导和监督下开展工作，设理事会、常务理事会和办公室（秘书处）等机构	①探索教育教学改革，组织对专业设置、专业培养目标、课程改革、教学计划、质量考核标准等方面的研讨和交流，在招生、就业、教学、科研等方面进行有效合作 ②大力开展产学研合作，积极探索职业院校人才培养和企业人力资源运作的新模式 ③开展全方位教育培训，提高企业员工整体素质
二级学院校企合作委员会	成员由二级学院领导、政府职能部门有关人员、专业带头人、行业企业负责人及行业企业技术人员组成	严格落实校企合作办学理事会部署的各项工作任务。做好学院校企合作协议签订，校企合作项目的审核上报、组织实施、经费使用管理及检查评估工作，校企合作各类文书档案资料的手机、整理、立卷和归档工作。每年须召开二级学院校企合作委员会总结会议，并部署下一年工作，同时向校企合作理事会提交年度工作总结和工作计划
专业建设指导委员会	成员由政府职能部门有关人员、行业企业负责人、行业企业专业技术人员即专业带头人、骨干教师组成	①参与学校专业课程、实习实训等专业设置，确保学校教学工作更加符合企业生产实际 ②明确职责，促进专业与相关企业的深度融合；加强科研团队建设，为企业解决技术难题；做好相关学术报告、学术研讨会等活动的组织和毕业生就业指导与推荐工作，促进校企合作有序开展

通过表2-3所反映出的学校在校企合作中设置的组织机构，可以看出结构本身能够实现纵向衔接，能够做到"以上管下"，确保各项工作的具体落实。

三、校企合作的形式

校企合作的形式多样，可以分为基本合作形式、延伸合作形式、拓展合作形式。基本合作形式具体指由学校和企业共同建立校企合作工作机构，共同进行专业设置、共同制订课程和教学计划等的工作机制。这种模式学校占合作的主导地位，在师资队伍建设、实习教学、学生就业选择方面以学校为主开展工作，如在学校建立专门的教学研究机构，围绕企业需求开展教学研究活动，或是学校根据企业需求和自身的办学能力制订招生计划等。

延伸合作模式具体指从根本上建立校企战略伙伴关系，校企共建重点专业高层决策机制，共同确定课程体系。这种模式院校与企业交融性更高，具体体现在以下几点：一方面，在师资队伍建设上，企业派遣专家对学校教师进行针对性的培训，解决学校教师实操性不强问题；另一方面，在人才培养上，采用校企共建实习基地、产教结合方式开展实习实训。另外，双方在学生能力评价体系、招生方案、学生管理等方面合作制定规范。

拓展合作形式是校企合作不断探索的新形式，如校企"零对接"合作模式，采取的方式多样且更加灵活，采取"一校多企""多校多企"等形式建立。这种模式企业占合作的主导地位，在专业课程设置、师资队伍建设、实习教学、能力评价、招生就业等方面，以企业为主开展工作。学校辅助企业进行人才培养，企业提升在校企合作中的参与度和管理度，达到校园文化与企业文化有机融合，学生毕业之后直接进入企业就业发展。

第三章

高职校企合作的长效运行机制

近年来，随着我国大力推行高等职业教育的改革，校企合作受到越来越多的关注，它不仅是一种办学模式，也是一种人才培养模式。校企合作应社会和市场所需，提高高职院校毕业生的就业率，减少企业人力资源成本，实现优势互补，达成多方"互赢"。但随着校企合作的深入发展，各个环节能否相继连接，实现可持续、长久的发展合作成为一大难题。本章对校企合作长效运行机制进行分析，从国内、国外两个角度阐释，其中国内高职校企合作内容较多，所以分为两节，分别从人才培养机制和师资建设机制两方面介绍。

第一节 国内高职校企合作的人才培养机制

"人才培养模式"是指在一定的现代教育理论、教育思想指导下，按照特定的培养目标和人才规格，以相对稳定的教学内容和课程体系，管理制度和评估方式，实施人才教育的过程总和。

我国高职教育在多年的探索中，形成了较多的人才培养模式，其中校企合作加速了高等职业院校创新人才的培养模式。本节从高职校企合作人才培养目标、方法、就业机制和人才培养质量评价机制四个方面介绍校企合作的人才培养机制。

一、高职校企合作人才培养目标

高职院校校企合作是高职教育的重要途径，它的一切教育活动都是为了实现高职教育的人才培养目标，包括选择什么样的人才培养方法、就业机制、人才培养质量评价机制等，因此在高职校企合作中应首先认识和定位人才培养目标。

横向来说，职业教育从"知""技""意"三个方面对高职校企合作人才培养做出明确要求。"知"指职业教育过程中受教育者应学习的知识层面的内容，包括文化知识、现代科技知识、专业基础知识、专业知识等;"技"指受教育者技术能力层面的内容,包括技术能力、工作能力、社会能力以及创新能力等,以到达职业教育对人才应用能力的要求;"意"指受教育者的心理素质层面的内容,包括学习态度、学习状态等。

纵向来说,高职教育在不同时期对人才培养目标表述可能不同,但都具有以下三个特点:一是人才培养层次的高级性,高职教育无论是在知识还是技能方面都比中职教育要宽和深;二是人才培养规格的职业性,从高职教育出来的学生毕业之后能直接就业,到企业工作;三是人才培养类型的技术性,高职教育的人才必然是能够熟练掌握某项专门技能。这三个特点在高职教育人才培养的各个时期、各个阶段都有体现。

二、校企合作人才培养方法

（一）制订人才培养计划

校企合作人才培养的关键是制订培养计划,它包括理论教学体系和实践教学体系两大支柱,同时要正确处理好以下四个问题（图3-1）。

1.专业设置方面　　2.把握好基础理论、专业技术、实践教学的关系

3.建设实训基地　　4.重视职业资格证书

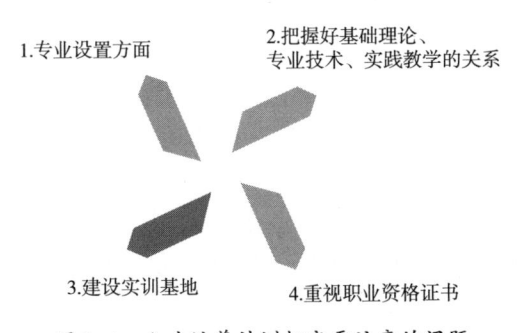

图3-1　人才培养计划拟定需注意的问题

如图3-1所示,高职校企合作办学模式的运行过程中,人才培养计划的拟定需要在专业设置、课程设置、校外实训基地设置、职业技能等级认证方面加以高度关注,由此方可让校企合作模式的运行过程培养出更多高质量的高素质技术技能型人才。

1.专业设置方面需要两手抓

既要注重专业课程、教学内容和培养方法,对学生专业技能的提升,又要让

学生具备知识牵引能力，做到"一专多能"。

2.把握好基础理论、专业技术、实践教学的关系

在职业院校人才培养的教学体系中，应"以职业和职业群为导向，以就业为目的，以职业技能为本位，以综合素质为核心"，既要强调专业理论课程学习，又要注重实践教学，实现综合能力的提升。

3.建设实训基地

人才培养需要固定场所，否则就是纸上谈兵。实训基地包括校内和校外两个场所，校外实训基地指以学校和企业合作为平台，坚持和完善"产、学、研"结合，聘请企业的管理专家和技术骨干担任实践教学教师，又要让学生和教师参加企业的生产和项目开发中。校内实训基地的建设要尽可能与社会生产、建设、管理、服务第一线相适应，形成真实或仿真的职业训练环境。

4.重视职业资格证书

随着社会经济的发展和科技的进步，社会和企业越来越重视选用既有学历证书又有职业资格证书的高技能人才，学校在安排专业技术课程教学中，尽可能把职业资格证书考试纳入教学内容。

（二）校企合作人才培养注意事项

1.注意人才培养方向

人才是当今最重要的资源，人才培养是各项工作的重中之重，所以一定要坚持正确的培养方向。要坚持人才发展与经济社会发展相适应，坚持合理使用人才和加速发展人才相结合，坚持加强内部培养和大力引进人才相结合，坚持突出重点行业和统筹协调发展人才相结合，坚持党管人才和以用为本，坚持人才制度改革和完善市场机制相结合，做好人才培养工作。

合作办学是毕业生的培养方（高职院校）和需求方（生产企业）的密切配合，使人才培养更加贴近企业生产实际。

2.注意改革传统教学方法

确定贴近生产实际的专业培养目标之后，应注意改革传统教学方法。校企合作注重理论教学与实践教学相结合，所以不同于以往的传统教学方法，学校应采用各种方式进行教学改革。如将国家职业资格标准引入教学活动中，或将项目驱动教学法和任务驱动教学法引入课堂，让学生综合掌握知识技能。

3.注意师资队伍建设

高职院校人才培养上，师资队伍建设也是非常重要的一环。校企合作常常面临学校科研力量不足，难以吸引知名企业、大企业开展校企合作等问题，主要原因在于院校教师与技术脱节，不能满足企业新技术、新产品的开发，缺乏实践经验，无法给学生传递应用技能。所以不但要加强对教师教育能力的培养，还要创造条件让教师到生产企业中学习，增强实际教学效果。

（三）校企合作人才培养的改革途径

校企合作是高等职业院校培养人才的创新模式，其改革途径采取以下几点。

1.按照专业情况具体问题具体分析

院校与企业在合作专业上，根据每个专业的特点，使用不同的合作方式。以学生职业成长为焦点，解决在教学和实训中培养学生职业道德和职业能力的问题。

2.教学管理模式从学年制向学分制转变

学分制更具有开放性特征，它取消了专业概念，让学生能在职业课程中灵活选择，并以学分作为衡量毕业与否的标准。相比于学年制，学分制更适合高等职业教育。

3.采取个性模式，注重教学内容

高等职业教育的教学内容必须充分体现过程内容，即更多关注学生学习过程。可以实行"导师制""导生制"和"分组教学制"，以个性化教学提高教学质量。

4.注重过程，改革考核模式

现阶段高职院校在考核方式上存在轻过程、重分数、轻素质等问题，应改革单一考核模式，从评价项目、主体、目标、方式等方面建立多元化评价策略，实现传统教学到能力本位教学体系的转变。

三、校企合作就业机制

职业教育是面向人的教育，其以服务为宗旨、以就业为导向的办学方针，要求职业院校在办学过程中必须将学生的就业工作摆在重要位置。校企合作教育下的就业机制，既是学校创新人才培养模式的重要组成部分，也是保障毕业生充分而高质量实现就业的重大举措，解决就业问题是校企双方实现长效运行的根本动力。

就业机制是一个循环可持续的体系，包括就业工作机制、就业反馈机制、就业保障机制（图3-2）。

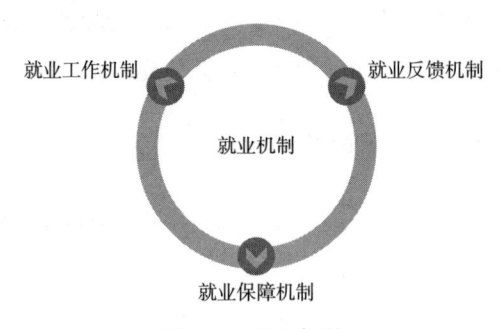

图 3-2 就业机制

从高职校企合作办学模式构建与运行的最终目的出发，确保学生能够对口就业，并且在工作岗位上能够真正发挥出自己的价值无疑是最终目的。构建完善的就业机制是高职校企合作体制机制改革与创新不可缺少的一项内容，而这也恰恰是保障机制中的重要组成部分。

（一）就业工作机制

就业工作机制需要从两个层面建立，首先是安排、指导、实施校企合作就业工作的部门单位，其次是校企双方的就业策略方面。

关于对就业工作的安排，学校一般采取校院二级责任制。学校与各学院的"一把手"签订毕业生就业工作责任书，各学院院长则负责带领毕业生就业工作领导小组，统筹领导毕业生就业工作。

在就业策略制定方面，需要学院和企业共担职责，共同为毕业生就业提供条件。

学校方面，首先应该建设职业生涯规划和就业指导课的师资队伍、学生就业服务指导中心，提供就业信息，开展就业辅导；其次，可以建立学生就业奖励基金和创业基金，激励优秀毕业生，提升学生的创业能力；最后，应该建立毕业生跟踪调查制度，对毕业生的就业信息进行调查分析，帮助学生就业，为在校生提供更加实际的就业信息指导，切实帮助学生适应社会和行业的要求；学校还应及时更新完善就业工作机制，制定文件不断调整工作过程中的问题，为就业创业工作的顺利开展提供制度保障。

企业方面，首先应该配合院校各项就业工作的实施，在校企合作的初始阶段就参与人才培养方案的制定，参与课程开发等，安排学生到企业实习，按照约定提供就业岗位，反馈毕业生信息。

（二）就业反馈机制

学校对毕业生就业情况及行业人才需求变化进行调查分析，形成就业反馈机制。具体包括对毕业生的就业回访，用人单位的用人取向、满意度、用人变化等，对就业质量跟踪调查，及时分析市场需求。

（三）就业保障机制

高质量的就业需要有完善的就业保障机制，它包括机构、人员、经费、场地的多重保障，具体要求如表3-1所示。

表3-1　就业保障机制

机制	组成	工作内容或工作体系
机构	就业指导中心、就业工作领导小组	形成由学校领导、就业中心、二级学院院长、专职副书记与辅导员（班主任）以及教师组成的"五级"就业工作体系
人员	就业指导教师、专职工作人员	学院按照学生人数的基本比例设置就业指导处的教师和工作人员
经费	就业专项经费	按照毕业生人数来设置就业专项经费
场地	就业指导中心办公场所及相关硬件、场地配置	具体包括接待处、办公室、就业指导研究室、职业测评室、咨询室、面试室等

如表3-1所示，在就业保障机制方面，主要以学校职业指导中心为主体，专业教师配备主要以在校教师和企业一线工作人员为主，就业指导场地应较为完善。

四、人才培养质量评价机制

人才评价是人才发展体制机制的重要组成部分，是人才资源开发、管理和使用的基础性环节。人才评价是否科学，体现在评价标准上。

校企合作的人才培养质量评价体系可以从质量标准、管理程序、教学质量监控体系、课堂教学质量评价、第三方质量评价、质量评价与监控手段创新六个方面建设完善（表3-2）。

表3-2 人才培养质量评价体系

人才培养质量评价体系	具体内容
质量标准	各专业根据高职教育的理念和特点，在专业建设、课程建设、实践教学、毕业环节等方面制定严格的质量标准
管理程序	学校针对教学工作各个环节，研究确定教学质量监控点，以过程管理的理念，制定各质量监控点的监控方法，形成以过程管理为核心内容的教学工作管理体制
教学质量监控体系	校企合作的院校多采用校、院二级督导工作机制，实施多种方式并行的教学质量监控体系
课堂教学质量评价	建立并完善学生评教系统，将对教师的评价结果纳入教师绩效考核指标中，并对教师教学质量的评价方式进行改革，提高教师教学水平和质量
第三方质量评价	可以引入第三方机构对毕业生就业质量进行跟踪调查与评价，分析问题并诊断意见，并及时响应和整改
质量评价与监控手段创新	学校重视教学质量评价与监控手段的创新，如在互联网上搭建师生互动平台，用新技术手段解决老问题

从表3-2所呈现的信息来看，不难发现在我国高职校企合作办学模式中，已经将教学管理、教学质量评价、第三方质量评价作为评价机制的重要组成部分，为我国高职院校人才培养质量的全面提升提供了强有力的保证。

第二节 国内高职校企合作的师资建设机制

教育的存在与发展，首要前提就是要有一支数量充足、结构合理、素质优良的教育者队伍。因为只有有了这些"先知者"，教育活动才能组织、才能进行、才能提高、才能发展。

在高职院校校企合作过程中，教师发挥了主导和推动作用，他们是企业与学校沟通、交流的桥梁，是学校文化与企业文化有机渗透的融合剂，是学生进行理论学习与实践学习的引导者，应该具备职业知识与专业知识，加强师资队伍建设对于校企合作长效运行起到至关重要的作用。

一、高职校企合作师资建设现状

高职校企合作的师资建设包括教师和教学管理队伍，两支队伍都对人才培养有不可或缺的作用。

高职院校的校企合作人才培养目标的多元性决定了对高职教师要求的多重性。在校企融合的背景下，作为学校主体、长期坚持在教学一线的高职教师，除了应该具有高校教师们的普遍要求，也应具备职业教师特殊要求。

作为"人类灵魂的工程师，人类文明的传承者"，高职教师首先应具备基本的职业素养，如良好的职业道德素质、精深的专业知识、全面的科学文化知识、深厚的教育理论知识和较强的教育教学设计能力、创新素质以及良好的身心素质等。

培养"应用型"人才是校企合作中高职教师的必要任务，所以也应具备丰富的实践经验和较强的动手能力、适应专业教学任务转移能力、较强的职业课程开发能力、较高的社会活动能力和技术推广能力以及较高的就业指导和创业教育能力。

高职院校的管理队伍是高职教育的重要后勤保障，包括行政管理人员和行政教辅人员，管理人员要学习先进思想理念，摒除官僚主义思想，避免滥用权力，同时不断提高自身能力素质和管理水平，增强解决教师在校企合作过程中出现的各种问题的能力。

（一）高职校企合作师资队伍建设中的问题

按照高职校企师资参与建设的主体和参与方，师资队伍建设的问题可以分别从政府、教师、管理人员三个方面来说。

1.政府

职业教育政策没有真正贯彻落实。在校企合作发展早期，各级政府、教育、人力资源等有关部门，通过支持一些教师进行校内外培训和国外考察培训等，在一定程度上快速提高了职业院校教职工的教学和管理水平，但随着科学技术发展变化，校企合作深度融合，办学经费、人员经费、生均拨款的紧张，教师编制有限、培训场所不足、校企合作的企业没有真正受到政策优惠等，一系列问题凸显出来。

2.教师

教师的专业技术技能水平、教学水平和科研水平是高职校企师资队伍建设的短板。高职院校教师水平令人诟病的问题长期存在于我国的教育发展中，其中有一大部分是历史变迁原因。1999年，受国家政策影响，我国许多中专或技校升格发展为高职院校，但同时学校的学生、教风却没有因此整顿发展，而是长时间停留在一个较低的水平。

从高职教师的选拔来看，很多都是普通高校毕业后直接到学校任教，没有在企业工作的实践经验，教学水平仍然停留在理论解释层面，难以对学生的职业技能应用方面提供太多帮助。

此外，很多高职院校高层管理者及教师都不注重科研水平，他们错误地认为这与职业教育的教师无关，但其实，通过提高科学研究水平，有利于教师获得更多专业、前沿的知识，提升应用型技术研究。

3.管理人员

管理人员队伍的管理水平和能力存在一定的局限性，有待进一步提高。高职院校的管理人员大都是从中专或技校留下来的管理人员，学历层次较低，管理水平有限，同时存在着"人情办事"等一系列不合规的官僚主义思想，容易造成权力滥用、闭门造车、外行管内行等现象，不能真正解决校企合作中存在的问题，影响高职教育高技能人才的培养。

（二）高职校企合作师资队伍建设问题的原因

校企合作中师资队伍依赖于政府、高职院校与企业三方的配合协助建设，产生问题的原因也需要从这三方面入手查找（图3-3）。

图3-3 高职校企师资队伍建设问题的原因

如图3-3所示，当前我国高职校企合作模式的构建与运行过程中，教师队伍建设的问题主要体现在政府、高职院校、合作企业三个方面，也是高职校企合作模式最基本的构成主体。其中每个主体所呈现出的问题都有具体原因。

1. 政府

（1）宏观调控与监督不完善

在校企合作中，政府应从政策层面向职业院校倾斜，通过制定完善的法律法规和政策，对全国的职业教育发展进行全面统筹、调控和监督。但我国职业教育发展较晚，而且在很长一段时间内，职业教育没有得到重视，没能及时出台相应的法律、法规和政策，在相当程度上影响和制约了校企合作的进一步发展。

另外，政府在校企合作中的监督力度不够，没有让高职教育在规范中发展。在职业教育前期发展扩大中，高职院校盲目追求速度不关注质量，参照学习的高职院校模式固化，千篇一律的教育模式，类似的招生模式，没有真正与企业相结合，也难以培养出优秀的高职人才。

（2）财政拨款不足

高职院校相比于普通院校，除了日常教育投入，还需要有实践实训场所、高端仪器设备，甚至是企业聘请来的工程师、兼职教师等，人才培养成本更高，需要投入的经费更多，单纯地依靠与企业合作来减少成本是远远不够维持长远发展的，更没有办法建设一支高质量的高职院校教师队伍。

（3）对高职院校的人员编制重视不够

高职院校的人员编制严重不足，教师待遇差，影响教师教学积极性，长此以往形成不良循环，导致高职院校留不住人才，师资队伍质量偏低。

2.高职院校

（1）管理思想滞后

很多高职院校的管理思想滞后，还是以前封闭式的办学模式和套路，在校企合作中，没有积极与企业融合联系，从体系设置、教学和实训技术，到学制学时、师资培养，都是自己"闭门造车"，不仅影响企业积极性，更难以培养优秀高职人才。

（2）不重视师资队伍建设

我国高职院校搭上了国家普及高等教育和大力发展职业教育的热潮，建设历史较短但发展速度却很快，在有限的资源下，只能优先一部分基础设施、实验室、硬件设备的配置，而忽略了师资队伍的建设。

（3）教师素质不高

高职院校的教师有两大类。一类是"双师型"教师，是指具有中级以上职业技术资格，并取得教师资格，获得中级以上教师系列职称，且专门从事职业教育教学工作的人员。但很多高职院校迫于考核评估指标压力，放松"双师型"教师认定标准，只为完成指标，大大降低了教师队伍水平。

另一类是兼职教师，兼职教师是从企业直接聘请来的工程师或高职技术人才，对于应用型的技术非常了解，但由于目前高职院校缺乏对兼职教师的教育教学能力培训，所以在技术传授给学生方面存在隐患。另外，国家对职业教育总体投入不足，人事变革缓慢，兼职教师体系无法建立起来，导致兼职教师良莠不齐，难以达到很好的教学效果。

3.企业

企业以追求利润为目的，与校方合作不是做公益，但是由于政策、职业教育发展等原因，企业在校企合作中难以得到切实的优惠，导致其积极性不高，双方合作浮于表面。但是从企业长远发展来看，企业积极参与学校办学，利用已有资源帮助教师培养培训，培养出企业真正需要的学生才是可持续发展之道。

（三）高职校企合作师资队伍建设的策略

高职校企合作师资建设的目的在于调整优化高职院校在校企合作中的师资队伍结构和教师水平，可以从以下四个方面入手（图3-4）。

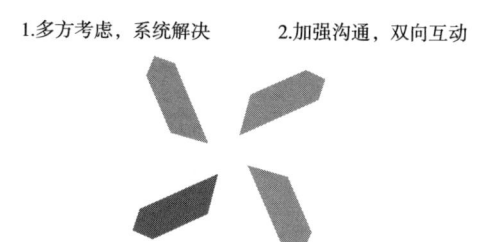

1.多方考虑，系统解决　　2.加强沟通，双向互动

3.改革思想，拓宽渠道　　4.强化目的，强调共性

图3-4　高职校企合作师资队伍建设的策略

就当前而言，高职院校以及合作企业在进行校企合作模式教师队伍建设过程中，针对出现的问题普遍采用图3-4中所示策略来进行，以求达到预期目标。

一是多方考虑，系统解决。高校的师资队伍是一个繁杂的体系，包括校内教师建设、校外兼职教师建设、专任教师团队、基础课教师团队和管理人员等，他们之间相互影响相互促进，所以要多方考虑，树立系统观，条分缕析地解决问题。

二是加强沟通，双向互动。校企双方在合作过程中加强沟通，真正做到双向互动。院校教师与企业人员的双向交流合作，能够形成优势互补，教师积累实践工作经验，并提高技能水平，企业人员能够丰富和提高自身理论水平，对校企来说，可以实现人才的双向流动，形成良好的校企合作关系。

三是改革思想，拓宽渠道。职业学校在对教师的管理上，要改革思想，开放思路，聘请教师一定要有真才实学，不仅限于高校毕业生，还可以从企业聘用管理、生产和服务一线的技术管理人员，拓宽高职院校教师来源。

四是强化目的，强调共性。高职院校要想实现企业的资金引流，必须让以利益为中心的企业看到校企合作"双赢"的价值。强化院校和企业双方的共同目的，调动企业积极性，共同培养出优秀高职人才，最终帮助学生实现高质量就业。

二、校企"双师型"队伍建设机制

近年来，我国高等教育迅猛发展，高等教育的教育教学和师资队伍建设的问题逐渐显露，尤其是高等职业教育的数量迅速增长过程中，对高职师资队伍建设提出了更高的要求，"双师型"教师在这种情况下应运而生。

（一）"双师型"教师的内涵

双师型教师，高职教育教师的特定称呼，目前学者对"双师型"教师的认定有两种，一是"双职称型"，教师在获得教师系列职称外还需要取得另一职称；二是"双素质型"，教师既要具备理论教学的素质，也应具备实践教学的素质。无论是哪种认定情况，"双师型"教师都应具备以下几个方面的素质和能力。

1.行业专业素养

"双师型"教师必须具备讲授专业知识、职业基本理论和实践的能力，这是作为教师的前提和基础；还应对校企合作的企业、行业有深入的研究，推动企业管理和行业发展，灵活调整教学课程、教学重点和课程实践，保障学生所学适应市场发展要求；应具有相应的管理协调能力，教师面对的不仅是学生，还有学校和企业，一定要做到有效沟通、协调、组织管理、整合资源，调动各方积极因素，完成教学目标；具备较强的专业实践能力，搭乘校企合作的"快车"，积极熟悉行业生产工艺和操作技能，熟悉企业的生产环节和销售流程等，形成教学体系并传授给学生实践经验；具备相应的适应能力和创新能力。在信息、科技、经济快速发展的今天，教师只有增强创新、创造能力，才能培养出适应时代发展的学生。

"双师型"教师的行业能力中，也包括要具备相应的经济素养，在新时代的职业教育中，与企业深入合作是大势所趋，所以教师应按照竞争规律、价值规律等市场经济规律要求办学办事。

2.行业道德素养

教师的职责是教书育人，要不断提高职业道德和个人修养，并且言传身教，完成终身教育、素质教育的育人目标。

（二）"双师型"教师队伍现状

当前我国高职校企合作模式运行过程中的"双师型"教师队伍建设现状主要体现在六个方面，如表3-3所示。

表3-3 "双师型"教师队伍现状

现状问题	详情
缺少"一体化"教学的专业教师	高职院校缺少既具备高水平的理论专业知识水平又具备专业技能水平的教师
"双师型"教师队伍结构不合理	多数高职院校教师的实际操作水平较低，且在短期内不能得到改善。"双师"中青年骨干人员学历水平较低，队伍中高层次人才的数量、比例偏低，总体质量不高
"双师型"教师认定标准尚未统一	国家没有形成统一明确的高职"双师型"师资队伍建设评定评价机制
教师实践场所和实践机会少	相关企事业单位参加校企合作的积极性不高，校企合作没有形成一定规模，教师难以获得真正实践锻炼机会
缺乏切实有力的激励机制	高职院校自身盈利不足，或者不重视师资建设，缺乏切实可行的激励措施
教师聘任制无法真正实现	一是高职院校在引进企业人员时受到人事部门编制的限制较多；二是缺乏人事配套政策以及激励与制约机制，聘任工作无法真正展开

如表3-3所示，我国当前校企合作模式中，"双师型"教师队伍建设存在的问题较为明显，下文针对问题产生的主要因素加以深入分析。

（三）影响"双师型"教师队伍发展的因素

双师型教师是落实高职教育特色的关键，就目前面临的瓶颈来说，影响"双师型"教师发展的因素可以从院校和教师个人因素两方面分析。

1.院校因素

高职院校没有明确制定关于双师型教师的专业标准。目前高职院校双师型教师专业标准的缺失成为制约高职院校双师型教师专业发展的主要因素。

高职院校双师型教师专业发展的制度不健全。高职院校缺少双师型教师的资格认证制度、考核制度、评价制度，缺少与企事业单位相合作的制度。

高职院校不重视双师型教师的职前培养，即在招聘时只注重教师的学历而忽略了教师的"师范性"，以至于很多教师的教学能力低下，不足以胜任教学工作。

高职院校缺少培养和提升双师型教师的环境。目前很多高职院校培训途径单一、没有科学的规划，教师缺乏提升专业知识和实践能力的渠道、措施。

2.教师个人因素

很多教师缺少个人专业发展意识，没有明确的个人专业发展目标，取得一份工作之后就失去了前进的动力，不踏出"舒适圈"，职业能力进步缓慢。另外，高职院校教师普遍科研意识薄弱，不关心研究方面的事情，缺乏较高水平的科研能力。

（四）"双师型"教师队伍建设的策略

在职业教育快速发展的今天，"双师型"队伍建设还在不断面临着许多新的问题，需要不断改变教育思想、更新教育观念、吸纳新知识，从宏观层次把控教师队伍建设。

首先，教师队伍建设要实事求是，解放思想，与时俱进，端正教育理念，摆正教学方向，坚持教育创新，大力推进办学体制和教育教学管理机制的改革。其次，要培养教师树立正确的教育观、学生观、教师观，从思想层面提高素质。此外，教师队伍建设要循序渐进，稳步推进，事物的发展不是一蹴而就的，要注重积累，务实工作落实才能事半功倍。最后，教师队伍建设要面向未来，立足长远，用全局观念建设能够适应时代要求、与时俱进的教师队伍。

建设"双师型"教师队伍除了从宏观层次，还要从具体实施策略上探索新途径。

1.加强师资培训

双师型教师队伍建设的途径主要包括培训现有教师，引进"双师"人才，聘请兼职教师等，加强师资建设也可以从这三个方面入手。

培训学校现有教师，目前的培训包括校本培训和校外培训，积极探索各种有效渠道，提升教职工职业素养。

高职院校在招聘教师时，要按照"双师"的标准严格引进人才。

除了引进"双师型"教师之外，可以聘任科研、企事业单位及各类经济实体中具有丰富的实践经验和操作能力、善于解决实际问题的专家，加强教师队伍建设。

2.转变教师能力要求

由于职业教育的特点，建设双师型教师队伍，要实现教师的能力结构由知识型向技能型转变，由侧重理论教学向理论与实践教学相结合转变，教学内容由封闭型向开放型转变。院校支持教师到企业顶岗挂职，学习生产技能、管理知识；到科研、设计单位兼职、合作；鼓励教师岗位自学进修，参与学术组织和学术交流研究等。

3.建立健全评价制度和激励制度

建立健全双师型教师的评价制度和激励制度是双师型教师队伍建设的重要保障。可以采取以下三个措施：一是职业院校高度重视双师型教师队伍建设，将其纳入学校教育发展总体规划，建立继续教育的培训制度；二是建立职业院校与企业合作的平台渠道，鼓励教师在生产一线参加实践；三是完善奖励、补贴、晋升机制，合理调配，优化管理，改变教师管理的僵化模式，建立能进能出、能上能下的用人机制，实现双师型教师队伍建设更加规范化、制度化。

第三节 国外校企合作的运行机制

国外校企合作发展较早，20世纪中叶就已经开始盛行于欧美发达国家，上文我们已经探讨过其形成的校企合作模式，但它们在过程中能够长效运行的关键在于较为完善的校企合作法律制度，认真研究国外校企合作运行机制中的法制化体系，对探索我国校企合作长效运行机制的发展，在实践上具有深远的意义。

一、国外校企合作运行的法律保障体系

（一）德国

德国是双元制的校企合作模式，经过法律法规不断建立和完善，现已形成了一整套内容丰富、相互衔接、便于操作的职业教育法律法规保障体系。

德国双元制的校企合作制度是自上而下逐渐细化的过程，由联邦总体上给予统筹规划，各州根据大方向具体安排适合本州实情的制度，按照"求大同、存小异"的原则有序开展，保障了制度的灵活性，在一定程度上减少了多方矛盾，便于校企合作的有序开展。

所以德国校企合作具体的政策法规也可以从两个层面理解，第一层面是联邦从国家职业教育宏观层次颁布的纲领性的政策，这一层面在德国有很大影响力的政策法规是《联邦职业教育法》，颁布于1969年，适应德国职业教育快速发展壮大的阶段，之后这部法律与《联邦职业教育促进法》融合成《联邦职业教育法》，为德国的职业教育校企合作起到重要的指导作用。

第二层面是下属部门或各州在联邦的宏观调控下颁布的规定、条例，其作用是具体实施配套性政策和适应各联邦政府的教育立法，是具有实际指导作用的文

件、政策。保障双元制的顺利开展，更能体现灵活性。

（二）美国

美国是合作教育的校企合作模式，不同于德国拥有比较悠久的学徒制培训历史，美国的校企合作是在工业化发展到达一定阶段的迫切需要，有强烈的内在需求，颁布法律与实施的政策都要能快速解决职业教育发展中的问题，所以美国职业教育校企合作政策法规有更明显的针对性和实效性。

美国与德国都是联邦制国家，所以在政策法规的制定和实行上与德国有相似之处。美国的校企合作的政策法规，也可以从两个层面理解。第一层面是联邦政府颁布的纲领性政策，在美国影响力最大的是《柏金斯职业教育法案》，它是美国职业教育的开端性政策，也是美国联邦政府批准的执教经费最多的一项法案。这部法案规范了政府与企业在校企合作中各自职责，详细拟定了培训项目和课程，并且提出一系列鼓励企业与教育机构合作的优惠政策，从大方向上为之后的法规确定了框架体系。

第二层面是在职业教育大方向下制定的配套性政策。如《职业教育法》《青年就业与示范教育计划法案》《职业训练协助法》《就业培训合作法》《卡尔·柏金斯生涯与技术改进法》等政策的颁布与执行，从各个方面为职业教育下学校与企业做了规定，为培养人才接受再教育起到具体的保障作用。

值得一提的是，美国除了制定一系列法律政策规范和鼓励职业教育发展外，还对政府、企业、学校三方合作制度高度重视。1962年组成的全国合作教育委员会，1963年成立的美国合作教育协会，1991年成立的"获取必要技能部长委员会"等，都为三方合作提供了必要平台，极大推动了美国校企之间的合作。

（三）日本

日本的校企合作发展背景与美国、德国相同，都是在20世纪中叶，在经济高速增长时期，搭乘上了国外校企合作发展的热潮快速发展。不同于其他发达国家的国家体制，日本政府在国家发展中有更加绝对的宏观调控和管理作用，所以在日本职业教育发展中，逐渐形成了"产学官合作"的校企合作模式，同时政府对职业教育政策的制定有更强的干预作用。

日本围绕"产学官合作"模式出台了一系列深化职业教育的法律法规，同样也可以分成两个层面。第一层面是政府确立的纲领性文件，如1961年修订的《学校教育法》，1985年颁布的《职业能力开发促进法》，1993年修订的《职业能力开发促进法》，从制度层面确定了职业教育的地位。第二层面是在宏观职业教育政策下内化的配套性政策，如《"产学合作的教育制度"的咨询报告》《关于振兴科学技术教育的意见》等，这些更加细致弥补了校企合作中产生问题的补救政策，为日本产学合作教育制度运行提供保障。

（四）英国

"二战"后，经过战争的洗礼和经济快速发展对技能型人才的需求，早期的发达国家都加大了职业教育的改革与发展。英国这一老牌率先发展起来的国家，发展职业教育首先要剔除对职业技术教育的固有观念，从国家层面将职业教育重视起来。

英国的职业教育法律法规注重点在两方面，一方面是颁布一系列政策和白皮书提升职业技术教育的地位，如1944年颁布的《教育法》以法律的形式确立了职业教育的地位，1964年的《产业训练法》、1973年的《就业与培训法》、1988年的《教育改革法》都进一步引导了英国职业技术教育的发展方向。另一方面是成立第三方机构促进职业教育发展，如英国教育与就业部和英国国家职业资格委员会的主要决策咨询机构（CBI），代表产业界和雇主的利益和声音，并助政府制定职业教育政策法规，使国家职业资格标准的制定更符合国情。

（五）澳大利亚

澳大利亚的"学徒制"教育模式，其校企合作机制是通过政府、行业和TAFE学院的配合建立的。

澳大利亚是联邦制政体，它的职业教育法律法规可以从两个层面理解。第一层面：从国家角度来说，如《澳大利亚技能保障法》（2008）、《职业教育与培训管理法案》（2010），从法案、机构建立的原则和流程保障校企合作的开展；第二层面：从州和领地角度来说，如领地的《培训与第三级教育法案》，新南威尔领地的《学徒制与受训生制法案》等，这些法案的形式和具体规定不同，但大都包括学徒制和受训生制的程序、雇主和学徒的义务、培训条件等。

二、国外校企合作运行机制经验分析

西方发达国家的校企合作模式相对成熟，国外对于校企合作的研究也相对较早，随着对校企合作的不断深入探究，形成了一些宝贵的经验，主要体现在以下两个方面。

（一）建立良好的激励机制

有效的激励制度和适当的激励措施无疑是确保校企合作中，各主体不断提升参与积极性的重要推动力所在。然而，在我国高职校企合作机制体制的构成中，这一机制并未做到高度完善，因此在实现高职校企合作体制机制创新过程中，可以将其作为关注的视角之一。

（二）完善政府对校企合作的引导作用

通过分析国外校企合作模式运行的基本过程，不难发现政府从中发挥的作用较为多元，其目的始终是服务、保障协调校企合作模式运行过程并为之提供正确的引导，这一经验显然值得我国高职教育校企合作模式建设与运行加以借鉴。

第四章

高职校企合作的实践与探索

校企合作是一种与经济发展相适应，与教育改革相协调的一种新型办学模式。经过上述对校企合作办学模式和运行机制的分析，我们对校企合作有了初步的概念了解。随着我国校企合作的深入发展，在实践与探索中逐渐摸索出一条清晰的发展脉络，本章主要介绍我国高职校企合作的实践目标、典型案例及其他形式的校企合作，为下文研究分析问题提供参考。

第一节 校企合作的实践目标

随着校企合作的日益发展，当前职业教育中校企合作的现象越来越普遍，校企合作加强了职业教育的实践性，符合当今社会对实用型人才的需求。校企合作是教育与经济发展关系的具体化，校企之间体现了教育要适应经济发展的规律要求。

校企合作的参与主体有企业、学校、学生、社会、家庭、政府等，直接参与主体有企业、学校、学生，间接参与主体是社会、家庭、政府。按照参与主体，校企合作的实践目标，也可以从以下六个角度解读（图4-1）。

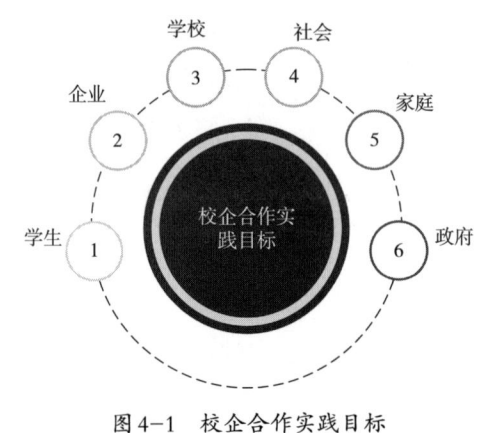

图4-1 校企合作实践目标

第四章　高职校企合作的实践与探索

从最理想的角度出发，高职校企合作模式的运行过程应做到图4-1中所示六个因素相互协同，其中第2~6因素在相互协同过程中能够集中指向学生。以下就这六个因素以及企业、学校、社会、家庭、政府之间所发挥的职能与作用及其体现出的价值进行具体分析。

一、学生

以学生为主体，校企合作的实践目标在于培养学生就业成才，提高学生职业知识素质、职业能力素质、职业心理素质。

（一）职业知识素质

以学生为主体的第一个实践目标是提高职业知识素质，即个体的职业基础、职业资格、职业适应和职业发展等，职业知识素质是培养学生的核心部分。校企合作作为职业教育的一种形式，通过教学，教授专业基础理论知识，帮助学生获得通过相应等级资格考试的能力，取得相应的资格等级证书，学校可以培养"一技之长"的工匠。再者，学生通过参加职业知识的学习，获得之后参与职业活动的适应能力和一定岗位职业活动的自我提高能力与不同职业岗位之间的转换能力。

（二）职业能力素质

以学生为主体的第二个实践目标是提高学生的职业能力素质，包括学生个体的认知能力、操作技能、技术分析和学习潜力。其中操作技能是这部分能力的核心要素，操作技能指将认知所得成熟的工艺技术转变为实际职业活动并获得预期工作结果的能力，学生所学的职业理论知识只有通过实践才能转化成生产力。

（三）职业心理素质

以学生为主体的第三个实践目标是提高学生的职业心理素质，学生不仅应具备理论知识和专业技能，还要有过硬的职业心理。良好的职业心理素质能使个体顺利完成从事的职业，具体表现在以下几个方面。

首先，良好的职业心理素质能够使个体在从事职业时有内在动力和兴趣。职业教育应培养学生对专业的兴趣和热爱，兴趣是最好的驱动力，人们在选择适合自己性格和需要的职业时，才能发挥巨大的作用潜力。另外，职业教育还应建立学生正确的职业观和职业理想，一方面引导学生求真务实，另一方面完善个性，引导学生更好地服务社会。

其次，良好的职业心理素质能够使个体正确认识自己，正确面对别人对自己的评价。通过对专业理论和实践的学习，增强以后的职场生活中迎接挑战的信心，对从事的职业抱有积极的态度和正确的价值观，从根本上认可自己职业的社会意义。同时当今社会就业压力大，在职场上正确面对上级和同事的评价，培养耐挫力，拥有"越挫越勇"的志气也是职业心理素质教育应培养的。

最后，良好的职业心理素质能够培养个体对于从事这份职业的荣誉感、幸福感、义务感和责任感。在职业教育的人才培养中根据各行业、岗位的实际特点，进行有关行业相应的职业道德规范教育，使学生在将来的职业生活中能自觉规范自己的行为，实现职业发展。

二、企业

以企业为主体，校企合作的实践目标在于使参与合作的企业获得经济效益。校企双方能否合作的关键在企业，保障企业的正当权益，确保企业在合作中获益，能提高企业合作的积极主动性，促进校企合作实现可持续发展，还能够加强院校与企业互动融合，提高学校毕业生在校企合作企业的就业率。

三、学校

学校担任校企合作中培养学生的主要任务，根据学校公益性和营利性这一双重特性，以学校为主体，校企合作的实践也包含两层目标。首先，学校通过校企合作这一职业教育方式，培养适应社会经济发展的人才，获得社会上的认可，此为社会效益；其次，学校在国家发展职业教育大背景下，积极开展校企合作，能够扩大招生规模，完成指导学生就业的任务，从而形成良性循环，更多的学生来到学校学习，在这一过程中学校实现经济效益。

四、社会

校企合作是在当前我国职业教育快速发展这一背景下的产物，顺应教育和社会的发展，并且校企合作的开展有一定的地域性，培养的人才一般会就近就业，必须服务于当地的社会、经济、行业的发展，所以以社会为主体，校企合作的实践目标是要能够实现经济发展，只有达到这个目标才能获得多方支持，校企合作才能顺利开展。

五、家庭

职业院校的学生还不具有独立赚钱的能力，一般是由家庭出钱上学，家里对他们的期望是通过职业教育获得一份可以挣钱的"手艺"，有一技之长，之后通过就业工作获得经济收入，养活自己，减轻家庭经济负担，提高家庭收入。

六、政府

政府积极促进校企合作，是大力发展职业教育的要求。发展职业教育是国家经济建设发展的需要，是国家社会发展的需要，是教育本身发展的需要。从长远来看，能够落实科教兴国战略和人才强国战略，推进我国走新型工业化道路；能够全面提高国民素质，把我国巨大人口压力转化为人力资源优势；能够全面贯彻党的教育方针，遵循教育规律，实现教育事业全面协调可持续发展。

第二节 校企合作典型案例
——以杭州职业技术学院为例

杭州职业技术学院是杭州市人民政府主办的全日制高职院校，1998年筹建，2002年正式建立。2010年被评为浙江省"示范性高职院校"，2015年以优秀等级通过教育部、财政部验收，成为"国家骨干高职院校"，2016年成为浙江省优质高职院校建设单位，2019年被评为"国家优质高职院校"。2019年12月，学校被教育部、财政部列为中国特色高水平高职学校建设单位（B档）。

学校坐落于素有"人间天堂"美誉的杭州，位于钱塘区高教园区，现有师生13000余名，国家"万人计划"教学名师、国家"万人计划"科技创新领军人才、享受国务院政府特殊津贴专家、国家创新人才推进计划中青年科技领军人才、教育部新世纪优秀人才支持计划、全国优秀教师、全国"五一劳动奖章"获得者、全国技术能手、浙江省"万人计划"科技创新领军人才、浙江省"万人计划"教学名师、浙江省有突出贡献中青年专家、浙江省杰出青年、浙江省151人才重点资助、浙江省首席技师、浙江省技术能手等省部级以上人才40余人；国家级职业教育教师教学创新团队2个、浙江省黄大年式教师团队1个、国家级双师培训基地1个。近年来，连续两届获国家级教学成果一等奖，学生累计获得国家级技能大赛奖励53项（其中一等奖18项），获省级技能大赛奖励443项（其中一等奖77项）。

学校下设友嘉智能制造学院、商贸旅游学院、达利女装学院、生态健康学院、信息工程学院、吉利汽车学院、杭州动漫游戏学院、彩虹鱼康复护理学院、特种设备学院九个二级学院。建有国家级专业教学资源库4个，国家高水平专业群2个，中央财政支持专业1个，国家重点建设专业3个，省级优势（特色）专业12个，省级重点（特色）专业8个，中央财政支持重点建设实训基地2个，国家级示范性虚拟仿真实训基地1个。电梯工程技术专业群和服装设计与工艺专业群入选国家高水平专业建设计划，机械设计与制造、电梯工程技术和物业管理3个专业列入国家级现代学徒制试点；数控技术、汽车检测与维修技术2个专业是全国职业院校装备制造类、交通运输类示范专业点。学校建有市政府投资3亿元、占地30亩、面向全市开放的集实训、培训、鉴定、研发于一体的杭职院实训中心暨杭州市公共实训基地，建有钱塘新区高职学生创业园（国家级大学生科技创业见习基地）。

学校始终贯彻落实党的教育方针，坚持社会主义办学方向，坚持"校企合作、工学结合、文化育人"的办学理念，秉持"立足钱塘区、服务杭州市、助力长三角"的办学定位。学校积极培育优良校风，弘扬大学精神，在全国首创"校企共同体"办学模式，走出了一条校企利益与共、文化相通、成果共享的高职教育"校企共同体"多元发展模式。多年来毕业生初次就业率均保持在98%以上，毕业生留杭就业率连续多年居全省高职院校首位。学校先后荣获全国高职高专人才培养工作水平评估优秀学校、全国黄炎培职业教育奖"优秀学校奖"、全国教育系统先进集体、全国纺织行业技能人才培育突出贡献奖、全国职工教育培训示范点、浙江省文明单位、"全国高职院校就业竞争力50强""高等职业院校服务贡献50强""全国高职院校创新创业示范校50强""全国创新创业典型经验高校50强""2019亚太职业院校影响力50强"、世界职业院校与技术大学联盟（WFCP）卓越奖等系列荣誉。

面向未来，学校提出了"数智杭职·工匠摇篮"的发展目标，致力于培养区域经济社会发展需要的高素质技术技能人才、能工巧匠、大国工匠，为杭州打造"数智杭州·宜居天堂"和争当浙江高质量发展建设共同富裕示范区的城市范例、浙江打造新时代全面展示中国特色社会主义制度优越性重要窗口和高质量发展建设共同富裕示范区贡献职教力量。

校企合作是杭州职业技术学院的金字招牌，以"企业的生产实际来引领我们的教学改革"作为一以贯之的实践路径。杭州职业技术学院的校企合作得到业内认可，截至2020年8月，全国1400多所高职院校，有900多所到校参观学习校企合作经验。

2020年6月5日的浙江省双高工作座谈会上，浙江省教育厅党委书记、厅长陈根芳现场表扬杭州职业技术学院校企合作，认为本校"四两拨千斤"的撬动行业企业投入大量资源协同培养技术技能人才的做法值得肯定和学习。所以本节以杭州职业技术学院为例，介绍其与企业开展校企合作，实现校企共赢的案例。

从高职院校可持续发展角度出发，"校企合作"无疑是持续拥有顽强生命力和发展活动力的根本所在。如果说没有深层次的校企合作就不会拥有具有实效性的职业教育（笔者这一观点通过诸多文献资料的查阅已经得到了充分证实），那么如何才能避免"校热企冷"或者"决策难以付之行动"的局面产生就成为杭职院也是职教人面前的头等问题。

针对于此，学院叶院长通过总结和归纳德国留学和数十年从事职业教育的相关经验，对这一问题进行了深入的思考与探索，同时与在国际素有"兼并大王"之称的友嘉实业集团总裁的合作，让杭州职业院校在校企合作办学模式得到了具有突破性的发展。

早在2008年1月，院长本人在学校主持召开了"头脑风暴"研讨会议，并且提出了"校企共同体"这一新概念，让其拥有了一套完整的理论架构作为支撑。

同年3月，叶院长在一次友嘉实业集团来访接待活动中，总裁先生共同与之探讨了"校企共同体"的具体构建方案，由此也让"校企共同体"拥有了最初的雏形。

同年4月，叶院长与朱总裁在公开场合面对近百家新闻媒体共同表示，"友嘉机电学院"正式成立，而这也是杭州职业技术学院首家校企共同体。

同年7月，在理事会领导下的院长负责制得到全面形成，并且友嘉实业集团培训中心正式搬迁至杭职院校园，同时还有企业20多位优秀技师和价值近两千万元的企业设备一同迁入。

2010年，友嘉机电学院进入了开局之年，校企共同体的建设成果初步彰显，并且得到了教育部的高度认可，同时首届高职院校全口径工作会议也在杭职院召开，极力推动了"校企共同体"办学理念向全国辐射。

2011年4月，有友嘉实业集团的强力推动，杭州职业技术学院顺利申报了国家骨干职业院校，让学校顺利进入国家骨干职业院校的行列，成为职业院校发展的标杆。

2013年5月，杭职院又迈上了一个新的台阶，友嘉精益制造研发中心、数控机床维修中心纷纷落户杭州职业技术学院，并且面向市场开放，形成了以师徒制为主体的产学研基地。

2014年9月，"校企共同体"办学模式得到国家进一步认可，获得了国家教学成果一等奖，在业内受到高度关注。

2015年6月，友嘉实业集团继续向杭州职业技术学院注资，在校园内共同建设了高校机床博物馆，这显然不仅提升了学校自身的文化层次，同时也成为学校面向全球的重要窗口。杭州职业技术学院发展进入了巅峰阶段，"校企共同体"被正式写入教育部文件之中，并规定成为职教领域的官方正式用语，并且诸多兄弟院校来校观摩。

2016年11月，杭州职业技术学院友嘉机床系统创新中心宣告成立，由企业资深机床设计师担任该系统中心主任，走技术研发、课程改革、人才培育于一体的人才培养模式也正式形成。

纵观杭州职业学院在2008~2018年的发展，友嘉机电学院无疑始终伴随着成长，与此同时达利女装学院、新通国际学院、安恒信息学院、西子航空工业学院、浙江特种设备学院随之相继出现，满足杭州主导产业的人才总体需求，让校企共同体能够不断实现发展壮大。在此期间，企业向杭州职业技术学院先后共投入改建经费两千余万元，提供的设备仪器价值近六千万元。

一、达利现象之达利女装学院合作案例

达利（中国）有限公司地处"丝绸之府"杭州，专业从事真丝绸面料的印花及染色加工、真丝绸机织、针织服装一条龙生产及出口，产品主要销往美国及欧洲。公司主要有真丝绸印染、机织服装和针织服装制作三大生产基地。企业紧紧抓住"以人为本"的企业文化，充分发挥"合一力量"，从往日系统内的"最小"走到了如今行业内的"最大"，企业生产的丝绸服装出口已多年居全国服装企业排名第一，自有品牌August Silk已成为中国在全球销量最大的丝绸女装品牌。

杭州职业技术学院与达利（中国）有限公司合作的主要做法与成效如下。

（一）全国首创建立"校企共同体"

针对目前校企合作普遍存在的"学校热、企业冷"或是"仅仅签个协议、挂个牌"等问题，杭州职业技术学院提出"校企合作之院校目的不是为了钱，不是为了设备，不是为了人（企业师傅），也不只是为了学生的顶岗实习和毕业生的就业安置，更重要的是要以企业的生产实际引领学校的教学，明确培养目标和人

才培养规格,推进专业建设,实行工学结合"。

1.校企共同体的内涵

杭州职业技术学院创新提出"校企共同体"的概念(图4-2),即在政府的牵手下,高职院校与区域主导产业主流企业,通过相互开放、相互联系、相互依赖、相互促进,以契约的形式共建的利益实体(二级学院),具有"共同规划、共构组织、共同建设、共同管理、共享成果、共担风险"的特征。

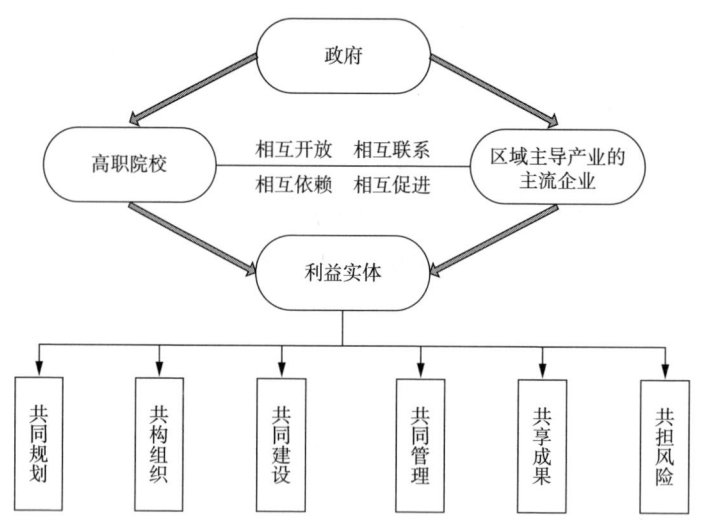

图4-2 "校企共同体"概念

校企共同体概念的提出,其根本就是校企之间保持高度的协同。为了提高人才培养的质量,其他主体也要随之引入,并且始终保持相互协同的关系,进而才能确保为社会培养出更多适合时代发展的高质量高素质技术技能型人才。

2.校企共同体的机制体制

校企共同组建理事会,明确"企业主体、学校主导"关系,实行理事会领导下的二级学院院长负责制,推行二级学院院长与企业厂长(经理)联席会议制度、专业组长与车间主任、教师与师傅对接制度(图4-3)。

纵观图4-3所呈现出的校企共同体运行机制示意图,可以看出该机制的组成较为复杂,并且运行过程极为系统,任何一个环节存在"闪失"都会导致全局难以达到最终的目的,而这无疑为进一步完善我国高职校企合作体制机制提供了极为有力的经验和启示。

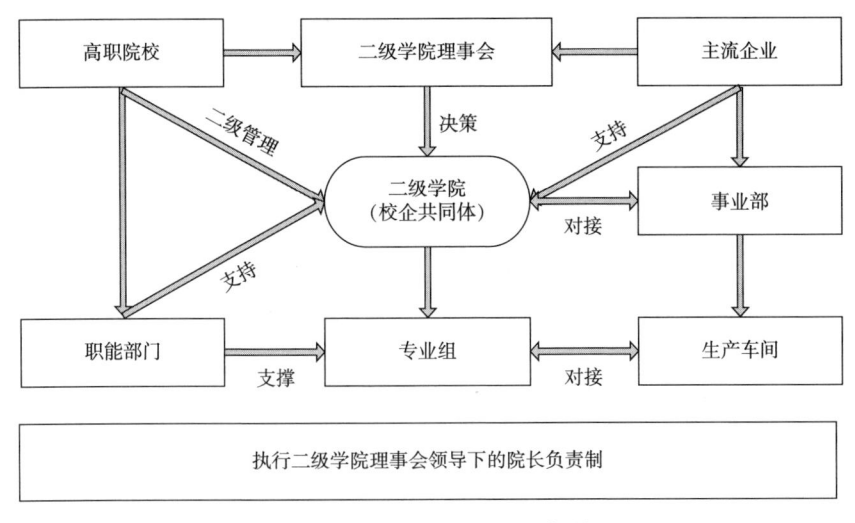

图 4-3　校企共同体的运行机制

3.校企共同体的辐射与影响

目前全国已有近800所高职院校（超过7000人次）来校考察交流，学习借鉴校企共同体办学经验。《新华社内参》《光明日报》《中国教育报》《中国青年报》《浙江日报》《杭州日报》和中央电视台、浙江电视台、杭州电视台等30余家主流媒体，都对我校校企共同体的先进办学理念和办学成就进行报道。

（二）校企共建达利女装学院

杭州要打造"丝绸之府""女装之都"，根据杭州女装产业发展对技术技能人才的实际需求，2009年1月，学校与达利（中国）有限公司合作办学，成立达利女装学院。达利公司把女装学院作为公司事业的组成部门，纳入公司全球化的发展战略，实施校内外办学资源集约化发展。

1.校企共融，建立了"人才共育"的专业现代化建设机制

达利公司参与人才培养全过程，企业主导人才培养规格定位，形成专业动态调整机制；依据产业发展对岗位和人才规格需求的变化，修订人才培养方案，调整专业课程设置及教学内容。建立专业人才共享机制，校企实施"双专业负责人"制，为专业教学提供优质资源。

2.校企共建，培养了一支"专兼结合"的双师教学团队

企业每年投入100万元支持学院专业教师发展与进修培养等，校企共建服

装结构设计省级教学团队，聘请4名全国纺织服装教指委委员，参与专业建设与指导。团队成员获全国技能大赛优秀裁判1名，全国优秀制板师、省优秀设计师2名，省优秀教师1名，专业负责人章瓯雁教授获浙江省"万人计划"教学名师（图4-4）。

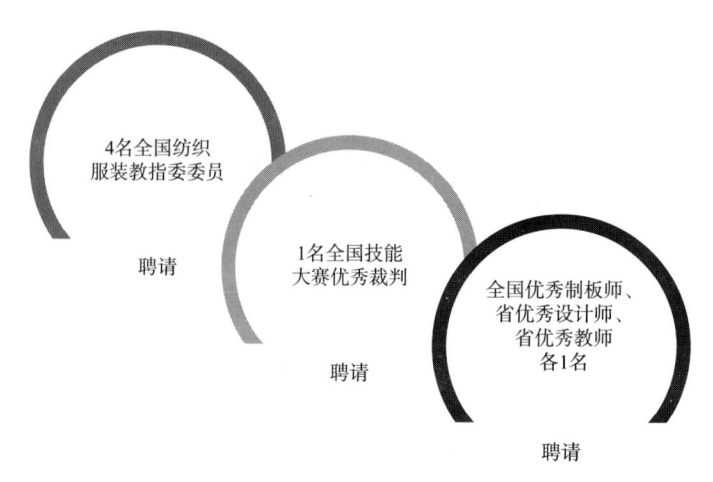

图4-4　学校教师与达利（中国）有限公司专家研讨教学项目

通过图4-4所传递的信息可以看出，学校"双师型"教师队伍建设方面，主要以外聘的形式为主，为提高学校教师队伍指导学生实践活动系提供了重要的支持条件。

3.校企共享，打造了"产学研"一体的"校中厂""厂中校"

校内实训基地按照企业标准和教学改革要求进行建设，2010年成为中央财政支持职业教育实训基地，生均教学设备值达42500元；在达利公司建设3000平方米的"厂中校"——产学研中心，承担公司"CB"品牌的有产品研发任务，以典型产品开发为载体开展教学，实现"教学性"与"生产性"有机结合。

4.校企共研，开发了"服装制板师"职业技能证书

由达利公司发起，达利女装学院联合杭州多家女装品牌企业共同讨论，确定"服装制板师"职业技能标准，实现了专业教学内容与岗位要求有效对接，开展服装、针织岗位技能考核工作，为杭州市中小型女装企业的发展提供了技术支持，推动了女装产业的制板技术升级。"服装制板师"职业技能证书填补了国家职业技能标准的空白，获得该技能证书的学员可以取得更高的劳动报酬，实现技能与薪酬真正挂钩。

5.校企共育，积累了一批"标志性"的丰硕育人成果

服装设计与工艺专业现为国家骨干校重点建设专业、省示范院校重点建设专业、省特色专业和优势专业，已成为"中国女装之都"不可或缺的品牌专业和服装制板师人才供应的摇篮，并逐步为国内一流的女装生产技术人才培养基地，走在了全国同行的前列。

学生参加全国技能大赛，连续8年获得金奖，其中4名学生获全国技能标兵称号，8名学生获技师职业资格，获奖人数全省第一。学生作品在国家博物馆展出并被永久收藏；《基于校企共同体的服装专业人才培养模式创新与实践》获国家级教学成果一等奖；校企共同体之达利女装学院获评"杭州最美现象"，并在国家人民大会堂介绍经验；2015年获"全国纺织行业技能人才培育突出贡献奖"（全国唯一的获奖院校）；2018年，校企合作建设的服装设计专业国家教学资源库成功通过教育部和财政部验收。

二、特种方案之特种设备学院校企合作案例

浙江省特种设备检验研究院是我国成立最早的特种设备检验检测机构之一，建有国家电梯中心、院士工作站、博士后工作站、科创平台、省级重点实验室、节能评估中心、全国质检科普基地、教育部工程研究中心、质检成果转化基地等创新载体，在多个关键领域形成一批重要科研成果。人才储备和装备水平居全国同类机构前列，硕士和高工以上人才比例占全院的46%。先后获得国家市场监督管理总局"全国质检系统先进集体""科技兴院先进集体""2017年度示范院士专家工作站"等荣誉。

为响应浙江省政府办公厅《关于"精准对接精准服务"支持特种设备产业发展的若干意见》（浙政办发〔2015〕64号）文件精神。2015年10月，浙江省特种设备检验研究院与杭州职业技术学院跨界合作，协议共建全国首家"特种设备学院"，重点解决当前电梯产业安装、调试和维保等专业技术人才极度短缺的困难与问题。学校与省特检院、奥的斯电梯建立校企合作工作委员会会商制度，定期商议合作办学工作。

（一）深度融合，整合各方优势资源互补共赢

实施理事会领导下的院长负责制，整合杭州职业技术学院、浙江省特检院、

电梯企业三方资源，发挥"学校办学力""行业资源力""企业市场力"三大优势，建成了4大平台（图4-5），服务全球6大企业，成为国内首屈一指的电梯人才培养基地。省特检院投入600多万元改造校内教学场所，企业投入1400多万元建成拥有28部竖梯、6部扶梯的电梯培训中心（全国规模和质量第一），建成了省级协同创新中心（电梯评估与改造应用技术）；浙江省唯一特种设备上岗证办证机构、奥的斯电梯华东培训基地落户学校；在省内电梯行业，形成了"要电梯人才，到杭州职业技术学院特种设备学院"的行业氛围。

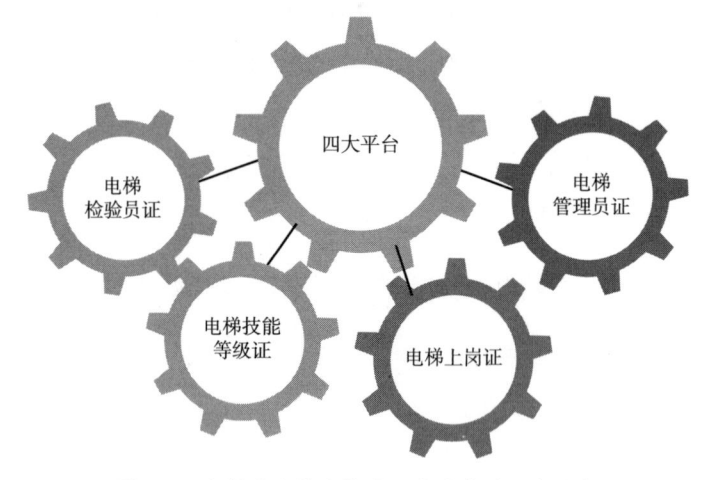

图4-5　电梯专业技术技能人才培养的四大平台

（二）学校主导，完善人才培养运行机制

以现代学徒制为试点，推进专业人才培养模式改革。立足电梯岗位的技术技能训练和职业素质的养成，开发"学训合一"的课程体系，在明确四大工作任务（MIAS）基础上，实施电梯维保、电梯装调、电梯大修技能培养三个阶段。制定《特种设备学院学力证书认定办法》，推行电梯工程技术专业毕业生的"四证书"制度，提升人才培养的实效性和针对性。在全国首届电梯安装维修工技能大赛中，该专业学生获得了学生组第一名，获评"技能新星"荣誉。

（三）协同育人，建设"身份合一、统一管理"的混编教师队伍

以省特检院、奥的斯培训中心和容安培训公司等一线常驻学校技师、培训师为主体，建设一支30多人的"水平高、能力强、教学优"的兼职教师队伍，平均

从业年限达12年。制定《特种设备学院常驻学校兼职教师管理办法》，通过"电梯特工师徒基金"给予资金奖励。

（四）立足培训，全力做好社会服务能力得到认可

承担人力资源和社会保障部电梯安装维修工职业能力国家标准的制定工作（编写组组长单位），年培训5000多人次，培训收入1200多万元。承办了全国电梯维修工职业技能总决赛。依托电梯人才培养联盟，开展"精准扶贫"，获得国家乡村振兴局办肯定，真正实现了"培养一个学生，脱贫一个家庭"的目标，该项目被教育部评为"十二五"高校扶贫典型案例。

三、专企融合模式之安恒信息学院校企合作案例

杭州安恒信息技术股份有限公司是一家网络与信息安全产品和服务提供商，主营业务涵盖应用安全、数据库安全以及云计算安全、工业互联网安全、大数据安全、智慧城市安全等领域。入选全球网络安全500强，曾先后为北京奥运会、国庆六十周年庆典、上海世博会、广州亚运会、连续三届世界互联网大会、G20杭州峰会、厦门金砖峰会等众多活动提供网络信息安全保障。

（一）参与办学

2016年4月，杭州职业技术学院信息安全与管理专业与杭州安恒信息技术有限公司合作成立"专企融合"的三级学院——安恒信息安全学院，通过一专业（信息安全与管理专业）与一企业（安恒信息）在课程共建、师资共育，基地共享、技术共研等方面的深度融合，用企业真实项目引领教学，培养信息安全领域专业人才。

院务委员会作为三级学院的日常运行与管理机构，每年定期召开院务委员会会议，协商学院的各项工作。院务委员会成员由校企双方共同构成，其中企业占多数，体现企业主体、学校主导的特点，最大程度地保障企业的利益。

（二）合作成效

1.产教融合协同发展

2019年11月，学校与安恒信息牵头，联合政府、行业协会、知名企业、职

业院校共建浙江省信息安全产教融合联盟。制订《联盟章程》，确定联盟组织机构设置，组建信息安全产教融合联盟理事会。对接政府部门，整合行业企业资源，探索四方协同育人机制。促进职业院校、行业企业间的协同合作，深化产教融合，实现资源共享、优势互补、合作共赢，加快提升信息安全类技术技能人才培养质量和水平。

2.校企合作机制创新

校企共建"专企融合"的三级学院（图4-6），推进协同育人机制改革。实施院务委员会领导下的三级学院管理模式，建立专业与企业间的人员对接制度，通过专业负责人与企业项目经理、专业教师与企业师傅、专业课程组与企业项目部的精准对接，在课程建设、实训基地建设、师资培养、技术服务等方面，夯实协同育人基础。

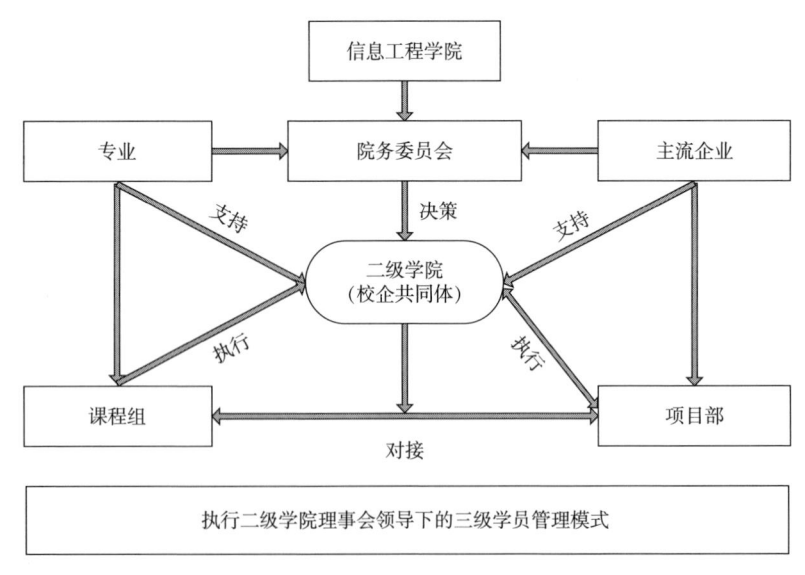

图4-6 "专企融合"的三级学院运行模式

3.专业共建成果丰硕

专业建设取得一系列成果。专业获评国家骨干专业、"1+X"证书制度试点院校（云计算平台运维与开发）、浙江省"十三五"优势专业和杭州市新型专业。专业是中国网络空间安全产教融合联盟副理事长单位，浙江省信息安全产教融合联盟理事长单位，杭州市保密协会副理事长单位（唯一的高职单位），思科网络学院执委单位，华三网络学院浙江省副理事长单位，具体获奖情况如图4-7所示。

第四章　高职校企合作的实践与探索

"信息安全管理与评估"赛项	○ 国赛三等奖3项、省赛一等奖3项、省赛二等奖2项
"计算机网络应用"赛项	○ 省赛二等奖2项、三等奖1项
"计算机芯片级维修与数据恢复"赛项	○ 省赛二等奖1项、三等奖1项
H3C杯全国大学生网络大赛	○ 省级一等奖4项、二等奖20项
浙江省教师教学能力大赛	○ 二等奖1项

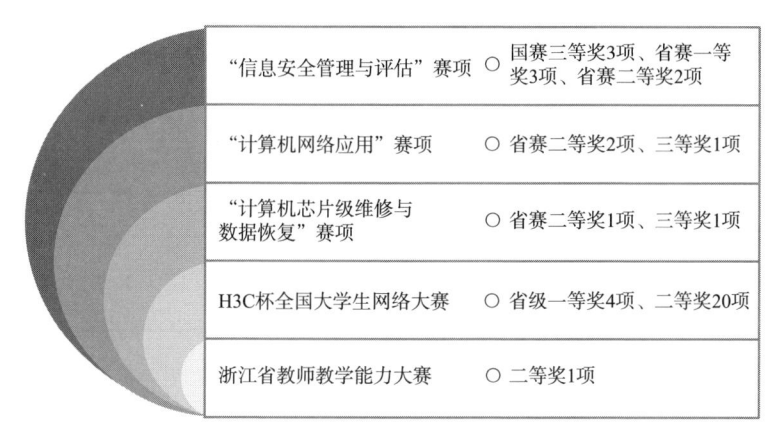

图4-7　学生技能大赛获奖总览图

在图4-7中，专业近三年来获得"信息安全管理与评估"赛项国赛三等奖3项，省赛一等奖3项，二等奖2项。"计算机网络应用"赛项省赛二等奖2项，三等奖1项。"计算机芯片级维修与数据恢复"赛项省赛二等奖1项，三等奖1项。H3C杯全国大学生网络大赛省级一等奖4项，二等奖20项。专业教师获得浙江省教师教学能力大赛二等奖1项。此外，专业学生参与G20杭州峰会、金砖国家厦门峰会、世界互联网大会、第七届世界军人运动会、西湖论剑等国际会议赛事的网络安保工作，获得政府嘉奖。

（三）资源投入

1.校企共建信息安全实训基地，构筑真实情境实训环境

校企共建信息安全实训基地，面积1000平方米，工位数270余个，实训设备总值1088万元，设施设备先进。基地提供网络安全、系统管理、数据库安全、网络配置与管理、综合布线与实施等相关实训项目，满足学生与社会学习者的实训与培训工作。

其中，与安恒公司联合打造杭职—安恒网络安全检测中心，把企业真实安全监控环境引入校内，面向杭州区域内学校、政府、企业等单位提供7×24小时网络安全监管与网站安全运维服务。安恒公司投入30万元，并派出技术专家常驻网络安全检测中心，与信息安全与管理专业教师和学生共同开展网络安全运维服务。通过中心建设，为学校提供网络安全事件全生命周期管理服务。成为集教学、实训、科研、社会培训与技术服务为一体的信息安全产教融合实训基地。

同时，结合安恒公司的AiLPHA大数据智能安全平台，具备全网流量处理、异构日志集成、核心数据安全分析、办公应用安全威胁挖掘等前沿大数据智能安全威胁挖掘分析与预警管控能力，为学校提供全局态势感知和业务不间断稳定运行安全保障。

2.依托安恒"风暴中心"，共育信息安全人才

与安恒公司网络安全运维中心（"风暴中心"）联合，共建校外实训基地。基地为学生提供网络安全检测、运维、服务等相关实习岗位，并安排一线技术专家进行指导。学生在校内实训后可直接到"风暴中心"实习，实现了学生从校内生产性实训到企业真实顶岗的无缝衔接，具体如图4-8所示。

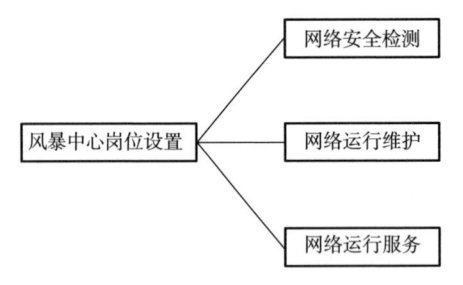

图4-8 安恒公司网络安全运维中心岗位设置（风暴中心）

从图4-8所呈现的相关信息不难发现，在该合作企业中，为高职学生设置的实践岗位与学生所学专业之间具有紧密的联系，学生在步入实习岗位之后，能够将自身所学的专业知识和掌握的专业技术第一时间加以有效应用，并且久而久之能够形成属于自己的专业技能，确保学生在步入社会以最短的时间、最快的速度适应工作岗位，并能将其充分驾驭。

3.依托双师基地，建设"双师型"的专业教学团队

专业教学团队为首批省级教学团队，团队成员中，浙江省高职高专专业带头人2名，浙江省"151"人才工程1名，浙江省计算机教指委委员1名，杭州市"C类"人才1名，杭州市"131"人才工程1名，浙江省访问工程师4名。专任教师均具有职业资格证书，其中CISP（国内顶级的安全认证）讲师3人，CSERE讲师2名。

结合图4-9可以看出，通过与安恒公司共建"双师"培训基地，健全信息安全教师分类培养与管理机制，实施专业带头人和骨干教师培养计划。通过浙江省访问工程师、校企业经历工程、企业师傅技术指导等，安排专业教师在安恒公司

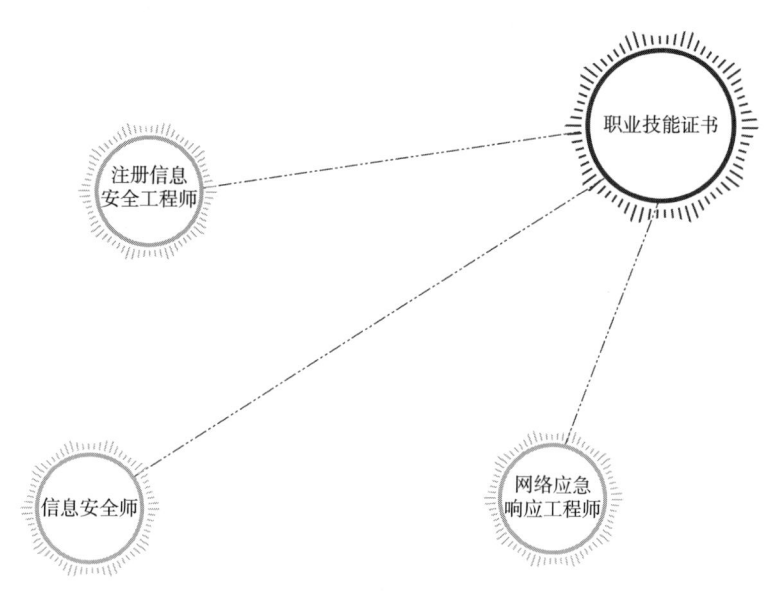

图 4-9　专任教师职业技能证书

的网络安全监测、维护等岗位兼职或任职，参与企业的产品开发和技术创新等，全面提升专业教师的实践技能，具体如图 4-10 所示。

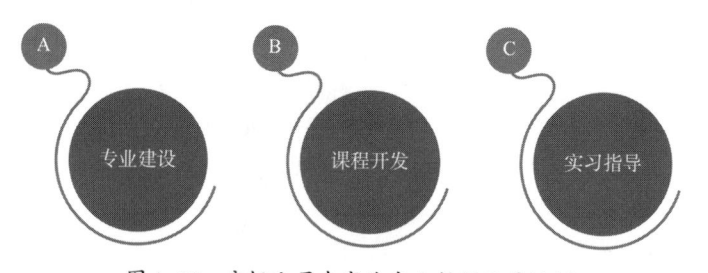

图 4-10　安恒公司专家为专业教师开展培训

在校企合作模式中，学院聘请极具影响力的专家共同参与专业教师队伍建设。其中，专业名誉院长范渊为国家千人计划专家，首位登上国际黑客大会发言的中国人。安恒公司安排 10 名具有丰富的实践经验和技术水平的专家参与专业建设、课程开发、实习指导等工作，校企共建一支"双师型"教学团队。

（四）合作育人

1. 主导制订学校人才培养方案

校企合作开展信息安全与管理专业工作任务和职业能力分析、人才培养方案的制订与论证等工作，为培养信息安全专业人才打下良好的基础。

校企共建信息安全与管理专业教学指导委员会，安恒公司高级副总裁刘志乐担任主任委员，深度参与专业人才培养方案研讨与制订工作。通过召开工作任务与职业能力分析会，确定信息安全与管理专业的岗位与职业能力。

此外，安恒公司与专业共同聘请浙江省公安厅、杭州市经信委、杭州市保密局专家作为专业顾问委员会成员，开展专业人才培养方案评审，指导专业定位与建设方向。在评审会上，与会专家对校企如何联合培养网安人才，服务国家网络安全战略，助推信息安全产业发展提出了宝贵的意见与建议，为信安专业后续人才培养明确了目标，指明了方向。

2.主导人才培养模式改革

在专业人才培养过程中，校企实施"三三制"人才培养。其中前三学期为第一阶段，主要开设专业平台课程、专业核心课程和部分专业拓展课程，培养学生的基本职业能力。在此过程中，安恒公司通过新生始业教育、认知实习、实地参观、专题讲座、兼职授课等方式，参与人才培养，具体如图4-11所示。

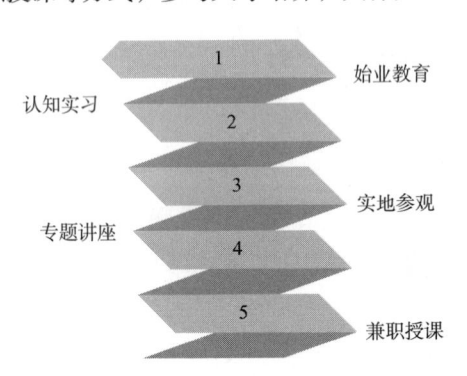

图4-11 校企合作学生培养活动

学校将后三学期作为第二阶段，针对专业对应的岗位，结合行业发展现状与趋势，以学生职业生涯发展为目标，通过学生与企业的双向选择，有目的开展分层教学。其中，第一部分学生以"先招生，后招工"的方式，通过选拔，进入安恒冠名的现代学徒制班进行学习，毕业后直接进入企业就业。第二部分学生，根据企业需求和岗位能力的要求，进行岗位订单班的培养，培养结束后进入与岗位能力相适应的企业进行实习。第三部分学生通过信息工程学院专业拓展班，为后续就业岗位拓展提供支持，如表4-1所示。

表4-1 专业分层教学实施流程表

	前三学期		后三学期	
专业学习	专业平台课	企业参与	现代学徒班	分层培养
	专业核心课	始业教育 认知学习	岗位订单班	
	专业拓展课	实地参观 专题讲座 兼职授课	专业拓展班	
	学校教育为主，企业参与教学为辅		个性化、分层教学、分流教学	

通过表4-1所呈现出的基本信息可以看出，学生培养流程中，要求企业全程参与，学校侧重点在于专业理论知识教学活动，力求学生专业知识与专业技术实现同步发展。

3.主导优化课程体系

引入安恒公司网安人才培养标准，构建"书证融通、能力递进"的课程体系。学生通过考取安恒公司的技能认证证书，替换相应的课程学分。同时，通过将行业企业认证标准融入专业课程体系，保障了课程的标准化和可操作性，具体如图4-12所示。

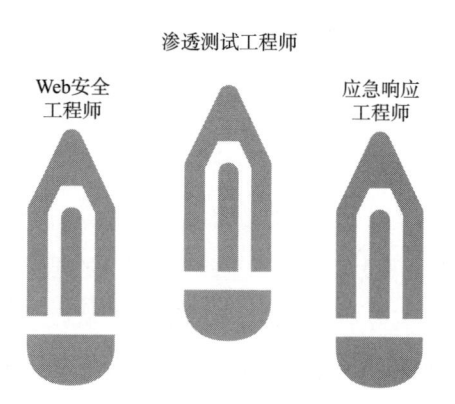

图4-12 安恒公司人才认证明细图

依托安恒公司在线学习平台（"X平台"），参照信息安全行业标准，引入安恒公司最新的项目、案例，联合开发信息安全类特色课程。与安恒公司合作开发国家专业教学资源库课程《Web应用安全》，编写出版《Web渗透与防御》《网络安全管理与技术防护》《Linux网络配置与安全管理》三本教材，保证专业知识与技术的及时更新。

4.主导开展定制培养

为提高信息安全人才培养质量，为行业企业输送大批高素质技术技能型人才。专业与安恒公司组建订单班、学徒班4期，重点培养信息安全实施与运维人员，累计培训学员120余人，为杭州信息安全产业提供人才支撑（图4-13）。

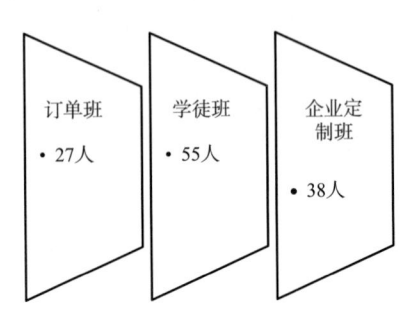

订单班 • 27人
学徒班 • 55人
企业定制班 • 38人

图4-13　安恒订单班、学徒班、企业定制班人数分布图

安恒公司为优秀学员提供学历证书、奖学金和实习岗位，实现了人才培养的闭环。现有29名同学在安恒公司就业与实习，为安恒公司的加速发展提供人才支持，获得安恒公司的一致好评。

5.主导构建专业课程思政和职业素养教育体系

信息安全行业对人才除了技能要求外，更注重政治思想与职业素养。立德树人，将课程思政、职业素养教育等作为高职院校人才培养不可缺失的重要内容，贯穿在整个人才培养的过程之中。专业以安恒公司为主导，进行了一系列探索和研究，开展了多角度的教育实践。

（1）课程教学渗透课程思政和职业素养教育

转变教师教育教学理念。树立"立德树人"的教学理念，教学过程将课程思政和职业素养等内容与专业技能进行有机融合，从教学内容、教学方法、考核方法等方面深化课程改革，教师在教学过程中渐渐意识到这两个教学目标同样重要，不可偏废。

通过课程教学改革，学生的主体地位得到体现，教师不再是讲台上的"传道授业者"，而是成为学生求学和探索路上的"向导"。学生通过教师指导，自主学习和思考，知识和能力通过内化成为学生内在的素养；教师通过对学生学习行为的认真观察和分析思考，更深入地了解学生，与学生进行更大范围的交流互动，对学生所产生的影响力远胜于灌输式教学。课程的考核在教学过程中完成，由此也加强了学生对于学习过程的重视，对于课程学习情况的评价，更多地加入了职业素养与职业道德的内容，包括团队合作意识、个人承担的工作任务完成质量、学习态度等，从而将职业素养与职业道德教育融入课程教学过程之中。

（2）顶岗实习深化课程思政和职业素养教育

顶岗实习无疑是在校生课程思政和职业素养教育最直接和最高效的教学环节，学生解决真实岗位中遇到的问题，更能够培养其树立正确的人生观和价值观，提升职业素养。通过与安恒公司的企业导师密切合作，及时对学生在工作中遇到的问题进行解答和辅导，让他们懂得哪些该做，哪些不该做，如何才能做得更好，在企业师傅传帮带的作用下，真正实现课程思政和职业素养教育贯穿在整个人才培养的全过程。

（五）企业收益

校企共同体是一种以合作共赢为基础，以协议形式缔约建设的相互开放、相互依存、相互促进的利益实体。"专企融合"作为校企共同体的一种载体，其特征也是共同愿景、共同组织、共同建设、共同管理、共享成果、共担风险。杭州安恒信息技术股份有限公司参与杭州职业技术学院在人才培养的过程中，也获益良多。

1.合作办学使得安恒公司的公信力和社会影响力不断彰显

安恒公司与杭州职业技术学院合作共建安恒信息安全学院，是服务国家网络安全战略，助推杭州"数字经济"建设的迫切需求，是提高信息安全从业人员素质的有效手段，更是打造一流高素质信息安全行业"灰领"队伍的现实需要。学院以培养信息安全人才为己任，在产教融合、校企合作方面积极探索，在学历教育、社会培训、技能大赛、网络安全保障等方面，努力提高信息安全行业人才培养能力，在取得一系列荣誉的同时，做出了品牌。"专企融合"的校企合作方式成为样板，吸引来自全国各地高校前来学习交流。安恒信息安全学院作为安恒公司对外宣传的重要平台，公司的公信力得到有效提升，社会影响不断扩大。

2.合作为安恒公司发展提供了有力的人才支撑

安恒公司是信息安全行业的领先企业，拥有一流的技术实力，也熟知产业和职业需求。杭州职业技术学院根据企业需求，改革教学模式，优化课程设置，引入企业优质资源，联合培养专业人才，最终满足企业的用人需求，也为行业输送了一大批技能人才。用安恒公司主管人力资源的高级副总裁冯旭航的话说,"杭州职业技术学院的学生专业技能扎实,职业素养高,深受公司同事好评。在公司工作的杭职院的同学在数量上已经超过范总母校南邮的学生,为安恒公司的快速发展提供了有力的人才支持"。

同时,专业教师积极参与企业技术研发与人才培训工作。校企联合申报市厅级课题3项,开展技术攻关。同时,专业教师作为安恒公司的特聘讲师,开展CISP、CSERE等信息安全类社会培训,累计为企业创造了500万元以上的经济效益。

(六)服务地方

1.培训信息安全高端技能人才

与安恒公司开展国内顶级安全认证培训,如CISP(注册信息安全专业人员)、CSERE(网络安全应急响应技术工程师)等,由具有资质的专业教师承担核心培训模块任务,为企业培训信息安全领域高技能人才,累计培训学员500余人,成为杭州市信息安全领域人才培养高地。

截至目前承办了市级以上大赛14次,其中连续8年承办浙江省大学生职业技能大赛"信息安全管理与评估"赛项,连续3年承办浙江省中职技能大赛"网络空间安全"赛项,并开展相关师资培训与辅导,提升省内信息安全专业教师的理论、实操等职业技能水平。

2.提供高水平的网络安全保障服务

依托"信息安全产教融合实训基地",对杭州市政府、企事业单位的网站进行漏洞扫描、可用性监控、篡改监控、木马监控、敏感关键字监控等网络安保工作,监控网站100个以上。

与安恒公司合作共建"网络信息安全保障"团队,为G20、世界军人运动会、世界互联网大会、云栖大会、"2050"大会、AI Cloud生态国际峰会、西湖论剑网络安全大会等国内外重大赛事会议提供信息安全保障服务,获得政府的嘉奖。

四、专企融合模式之西子航空工业学院校企合作案例

浙江西子势必锐航空工业有限公司(以下简称为"浙江西子航空")是浙江首家航空装备制造企业,主要承担C919大型客机机体结构件的研制生产及飞机

零部件制造等业务，是中国商飞公司、上海飞机公司等航空制造企业的合格供应商，并通过了空客、美国普美、德国瑞凯威、美国GE等公司的供应商评审。

公司拥有287项特种工艺资质认证。2020年7月，浙江西子航空从空客全球范围内300多家参评的一级供应商中脱颖而出，成为2020年空客冠军供应商，也是中国第一家获得此殊荣的公司。

（一）合作成效

产教融合协同发展，丰富了校企共同体内涵。校企共建"小实体大平台"，建立了利益驱动的长效机制，推动了校企共同体的内涵建设。校企精准对接，成立由5名理事组成的理事会，其中，浙江西子航空2人、杭州职业技术学院2人、友嘉实业集团1人，主要负责讨论和决定西子航空工业学院在招生、经费预算及重大项目立项等事项。在理事会中企业董事长担任理事会理事长，学校校长担任副理事长。实行理事会领导下的院长负责人，构建了不同层面的对接机制。建立了院长与企业厂长、专业负责人与车间主任、教师与师傅的三级对接制度，协同解决人才培养过程保障、课程开发、师傅遴选、教学安排等问题，具体运作流程如图4-14所示。

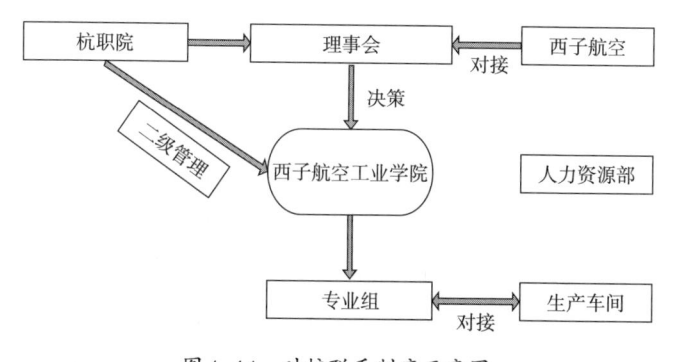

图4-14 对接联系制度示意图

育人模式持续创新，建成了国家级现代学徒制试点专业。根据浙江西子航空高端制造类技术技能人才的需求培养学徒，出台了学徒留企的优惠政策，既培养了学徒的兴趣，明确了职业取向，也为双方可持续发展奠定了基础。实现了招生招工一体化的就业模式变革。以机械设计与制造、数控技术、模具设计与制造等专业为核心，在机电类专业群范围内，通过双向选择，在第3学期从普通班学生中进行选拔签约，遴选组建一个20~30人规模的试点班。学生从一年级开始参观认识企业，企业宣讲后学生报名，通过技能测试和面试，企业确定人选，举办开班仪式并发放录取通知书。机械设计与制造专业获评国家级现代学徒制试点院校的三个试点建设专业之一，并以优秀的成绩获教育部验收。

办学特色卓越鲜明，培养了一批高端技能应用型人才。以机械设计与制造专业为主体，专业群连续开办6届现代学徒制试点班，校企联合招生招工，选拔出的学生和浙江西子航空签订《西子航空工业学院高端制造类人才培养协议》，明确培养对象的学生和准员工的双重身份。校企共同制订人才培养方案，共同开发航空钣金及铆接装配课程体系，共同实施教学过程，共建师资成立联合教研室，共同培育高端制造业的"金蓝领"。

优秀学徒代表刘绍勇：机械设计与制造专业2016届毕业生，具有较强的专业技术创新能力，2015年参加浙江省第五届高职高专院校"挑战杯"创新创业竞赛获得一等奖，参加杭州市科协创新大赛获得二等奖。毕业后留在企业至今，他在2016年西子航空第三届技能大赛中获得初级铆装钳工组的第一名。在企业中出色的表现得到领导的认可，2016年10月被任命带领2017届实习生开展庞巴迪的新项目地板梁工作，这也是杭州职业技术学院西子班毕业生展现自我的一个难得机遇。

（二）资源投入

1.开辟"零号车间"，构筑真实生产环境

企业专门建立厂中校——"零号车间"作为学徒培训中心，并建立了独具特色的学徒培训体系。在正式上岗前，学徒们要在这里接受为期3个月的实操培训及考核，学习定位、装配、钻孔等多项技能，为增加培训的实用性，培训采用的都是1∶1的飞机零部件生产原料。"零号车间"里分布着A320飞机货舱门框装配项目的多道工序，零部件之间的误差要保持在0.04~0.5mm，才能进入下一步模拟检验。对于第一次做这项微调工作的学徒来说，需要3人调20天。在一块块标注姓名的铝板上，学徒们每天要打500个孔，而钻好一个孔往往需要练习成千上万遍。"零号车间"里所有试炼都在磨炼学徒们的耐性，而在一次次周而复始的生产中，他们的速度和经验都在默默提升。

第四章 高职校企合作的实践与探索

2.建设"联合教研室",探索产教融合新模式

成立了由学校专业教师、企业高工和企业岗位工艺主管组成的"校企联合教研室",对教学工作和实习工作进行过程管理与质量监督。对于参与学校教学工作的企业工程技术人员,以"联合教研室"为平台对他们开展教育学、心理学、课堂教学组织与教育教学方法等方面的培训,以保证和提高教学质量;对于参与企业实习教学与管理的学校教师,由企业开展质量管理、生产工艺和企业文化等方面的培训,让他们尽快融入企业,才能对学生进行有效的教学与管理。"联合教研室"也是校企联合开展应用技术协同创新的平台,学校的博士教授团队与企业的能工巧匠团队在这里共同科研攻关,实现企业产品换代升级。

3.建立"双导师"团队,实现校企师资互聘共用

将学校教师和企业能工巧匠与岗位师傅等优质资源高度整合,建立了行业师资库,教学任务由学校专业教师和企业师傅共同承担,形成"双导师"制。企业选拔了优秀高技能人才担任师傅,明确师傅的责任和待遇,师傅承担教学任务,并纳入考核,同时享受带徒津贴,就当前学校该专业"双师型"教师队伍建设而言,企业一线工作人员引进情况具体如图4-15所示。

1 校内专任教师9人
2 企业零号车间大师傅3人
3 工程师13人
4 每位师傅只能带2名徒弟

图4-15 学校"双师型"教师团队资源共享情况

从图4-15所展现出的"双师型"教师团队建设状况可以发现,企业所提供的一线工作人员,并且是工作经验较为丰富的一线工作人员所占份额较大,同时保持学生的人均占有比例较高,这无疑为学生职业技能的快速提升增添了重要砝码。具体而言,该校机械设计与制造专业组成了校企结合的教师团队,校内专任教师有9人,企业零号车间大师傅3人,工程师13人(规定每个师傅只能带2个学徒,分布在车间岗位),全程参与学徒的学习。

遵循双向选择的原则做好师徒结对工作。在培养过程中,师傅负责学徒的技能培养外,还承担岗位职业素养养成的职责。企业为这些学徒指派专人担当辅导

员，帮助学徒熟悉工作环境以及协调在企业学习工作期间的各类事项，对学徒们进行了六项考核：每天军训1小时、每天行为规范、每周实操考核、每月理论考试、每年1次鉴定、每年1次比武，真正做到"规格严格、功夫到家"。实习期间的具体协议恰恰能够充分反映出这一点，具体如图4-16所示。

```
甲方（盖章）：              乙方（签字）：
时间：                       时间：


                        实习承诺书

        本人将前往_____单位进行实习。在此，本人承诺
    遵守以下有关规定：
        1.实习期间，我将严格遵守学院和实习单位的各项规章制度和劳动
    纪律。
        2.服从实习单位领导、实习指导教师和学院的管理，严格遵守相关
    规定，明确实习目的，端正实习态度，不图小利，多听、多干、多学、
    多思、少说，积极、努力、认真、主动地完成实习任务。
        3.实习期间的工作时间按有关行业规定执行。病、事假按规定执行
    并严格履行请假制度。
        4.自尊、自爱、自强。与实习单位员工、其他实习生保持良好的工
    作关系。
        5.穿着打扮符合实习单位对员工仪表仪容的要求并符合学生身份。
        6.保持与学院及实习指导教师的联系。实习结束时应向学院上交实
    习报告和实习鉴定。
```

图4-16　实习协议书

从图4-16实习协议的具体内容中不难发现，"师傅"成为学生顶岗实习过程中全面提升学生职业技能的主体，指导学生实践活动和进行学生管理能够保持同步进行，确保学生无论是在专业技能方面还是职业素养方面能够得到同步提升，在表4-2中笔者的这一观点能够得到客观呈现。

表4-2　第一届金牌师傅评比名单

序号	类别	师傅名称	学徒对象	企业评价（45分）	学员评价（30分）	专家评价（15分）	合计得分
1	现场师傅	王××	杜××	36	29	12	77
2	现场师傅	赵××	金××	0	0	0	0
3	现场师傅	赵××	张××	0	0	0	0
4	现场师傅	赵××	陆××	37	21	14	72
5	现场师傅	高××	张××	29	30	10	69
6	现场师傅	王××	刘××	36	30	12	78
7	航空基础英语	黄××	航空班全员	0	0	0	0
8	CATIA	翁××	航空班全员	43	17	14	74
9	飞机装配工艺学	曹××	航空班全员	37	21	13	71
10	飞机钣金成型老师	王××	航空班全员	0	0	0	0
11	钣金成型培训中心师	扬××	钣金装配全员	42	21.5	14	77.5
12	铆接装配培训中心师	赵××	钣金装配全员	44	28	15	87
13	数控加工培训中心师	赵××	数控全员	34	0	10	44
14	铆装钳工技能老师	潘××	装配全员	45	19.75	14	78.75
15	装配特种工艺理论老师	原××	装配全员	43	23.5	14	80.5

从表4-2金牌师傅评比名单中不难发现，学生对"师傅"的评分普遍较高，这也说明了一个客观事实，即学生从"师傅"身上学到了很多在校期间学不到的东西，这些往往就是师傅本身职业能力、职业素养、职业技能的具体呈现，而这也正是校企合作办学模式中，合作企业为"双师型"教师队伍建设所付出的努力和成果，为企业真正获得自己想要的人才提供了较为有利的前提。

（三）合作育人

1.校企共同商定人才培养规格

根据航空专业领域和职业行动能力的要求，参照行业企业相关的职业资格标准，重构突出专业能力、职业能力和社会能力培养的人才培养方案。以机械设计与制造国家级现代学徒制专业为引领，专业群通过工作任务与职业能力分析，明晰了岗位定位、完善了人才培养方案。各专业组通过对企业岗位工作任务的收集、解构、重组和提炼，构建了项目化课程体系。同时，通过定期的毕业生回访、专业指导委员会研讨、同类院校相关专业比较分析等方法和途径，实现了人才培养方案和区域主导行业主流企业人才需求的调整。落实"学做合一"课程教学，提高课堂教学效率，各专业主干课程实现完全项目化教学。

以机械设计与制造专业为例，邀请企业专家开展工作任务与职业能力分析会，制定了浙江西子航空急需的航空钣金装配方向的人才培养方案。校企双方共同构建了基于现代学徒制的专业课程体系。根据该企业航空制造类人才的培养目标，将现代学徒制课程体系分为四个模块：航空职业素质养成模块、制造类技术技能基础课程模块、航空制造岗位群技术技能模块和学徒职业生涯可持续发展模块。该课程体系既满足了浙江西子航空高端制造类技术技能人才的需求，又满足了学徒的兴趣和职业取向，使得培养的学徒具备可持续发展能力，课程设置如图4-17和图4-18所示。

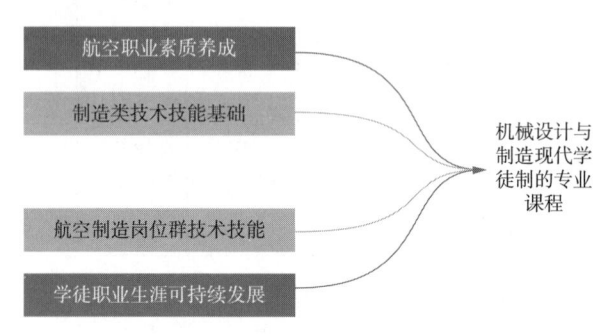

图4-17 现代学徒制课程体系模块构成图

通过图4-17和图4-18所呈现出的真实信息，不难发现学校在专业课程设置方面更加强调学生技术能力的发展，并且能够让学生感受到真实的工作氛围，确保人才培养的规格与企业、行业、社会用人标准相统一，由此让学生职业能力的全面发展有了较为广阔的平台。

2.校企共同开发现代学徒制特色课程模块

立足航空岗位的技术技能训练和职业素质的养成，以飞机钣金成形工艺与铆接装配技术替代机械加工工艺课程，以航空识图与CATIA替代CAM技术应用

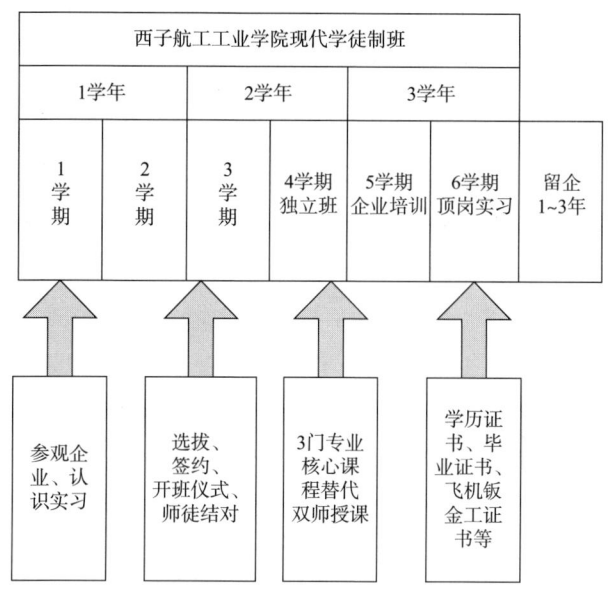

第四章 高职校企合作的实践与探索

图 4-18 西子航空班课程体系

课程，以航空基础英语替代机械专业英语。采用1.5+0.5+1的形式，即1.5年为专业基础课程，第四学期开始针对西子航空班开设特色课程，第五学期进入企业培训直至毕业，企业与学校双主体育人，对毕业生进行三证合一的培养，即毕业证书、学历证书及行业证书人才培养方案，着重强化学生职业技能水平的提高。具体课程设置与变更情况如表4-3所示。

表4-3 机械设计与制造专业第四学期课程明示表

课程性质	原专业课程	航空班课程	原课时数	现课时数	任课教师
理论课	机械加工工艺	航空钣金及装配工艺	78	39	企业师傅
	计算机辅助制造（CATIA）	计算机辅助制造（CATIA）	78	78	企业师傅
	专业英语	航空英语	42	42	企业师傅
	工装夹具设计	工装夹具设计	52	52	企业师傅
	精益制造	精益制造	26	26	
实训课	数控编程与车加工实训	数控编程与车加工实训	3周	3周	学校老师
	工装夹具设计实训	航空装配夹具设计实训	1周	1周	学校老师

从表4-3所呈现出的信息可以看出，在专业课程设置方面，实训课的课时数并没有减少，理论课程的课时数明显降低，这也充分反映出学校在学生专业实训

103

方面提起了高度重视，更加注重学生理论联系实际能力的发展，并且为学生职业技能的全面发展打下了坚实基础。

3.校企共同推动现代学徒制课堂革命

一是大力推进现代学徒制教学改革与创新研究，共立项以现代学徒制研究为主要内容的省级教育教学改革项目和课堂教学改革项目4项，校级教改课题10项。二是实施小班化、班级订单式、现代学徒制、导师制、实训环节分组分批实施、"双师"合作授课等形式多样的课堂教学，课程教学融入企业项目，不断提高课堂教学效果。三是校企共同承担教学任务，实施工学交替的课堂教学模式，主要分为理论集中授课、企业基础培训、专项技能训练和实际岗位培养四种形式。学生超过一半的时间在企业的真实生产环境中学习。为更好地达到教学目标，课程设计结合了学校和企业教学资源的实际情况，灵活构建教学组织形式，学生定期到浙江西子航空进行课题调研、参加企业讲座以及岗位见习。学生大二年级开始，进入以工作岗位培养为主的半工半读模式。第五个学期为专业实习，由企业专职培训师傅进行岗位基础技能培训。第六个学期为顶岗实习，由企业各岗位工艺人员进行岗位技能训练和生产性实训，学生日常课程考核表集成及举例如表4-4所示。

表4-4 学生日常考核表

学员	MO.1	MO.2	MO.3	MO.4	理论	A1.1+	A1.2+	A1.3+	A1.4+	理论	I3.1	I3.2	I3.3	I3.4	I3.5	I3.6	理论	纪律罚分	安全法分	汇总
佟××	4	3	4	2.5	4	3.5	4	1	3.5	3.5	5	1.5	3.5	4	4	5	8.5	—	—	64.5
菱××	4	4	3.5	4	4	3	3.5	1	2.5	3.5	5	1.5	3.5	4	4	5	10	—	—	63.6
王××	3.5	3	3.5	4	4	3	3	3	3	3.5	5	3.5	1.5	3.5	4	4	10	—	—	63.5
董×	4	2.5	3.5	2.5	3.5	2.5	4	3	3.5	3.5	5	1.5	3.5	5	4	4	8.5	—	—	61.5
杨××	4	2.5	4	2.5	4	4	3	3	3	3.5	5	4	4	1.5	4	5	—	—	—	61.5
倪××	4	3	3.5	4	4	3.5	1	1	2.5	3.5	5	1.5	3	4	4	5	10	—	—	61
曹××	4	2.5	4	2.5	4	3	1	1	2.5	3.5	5	5	1.5	3	4	4	9	—	—	60.5
王××	3.5	1	4	2.5	4	2.5	3.5	1	2.5	3.5	5	4	4	4	4	4	8.5	—	—	60.5
苏×	3.5	1	4	3	4	4	1	1	3	4	6	1.5	3.5	5	4	4	—	—	—	60
李×	4	3	3	2.5	4	3.5	1	1	2.5	3.5	5	4	3.5	3	3.5	4	8.5	-0.5	—	60

通过表4-4所体现出的具体数据，可以看出学校学生在理论课程方面所获得的考核分数普遍偏高，而在专业实训课方面所获得的分数普遍不够突出，分数汇总方面尚未出现总分超过70分的学生。由此可见，校企合作办学模式日常运行过程中，"重理论、轻实践"的现象依然没有得到根本性的改变，如何确保校企合作真正做到企业作用最大化也成为必须深入思考的问题。

（四）企业收益

1.企业的持续发展获得人才支撑

浙江西子航空现有正式员工300多名，其中27名来自杭州职业技术学院，另有41名准员工，杭州职业技术学院学徒已成为浙江西子航空技术人员的重要来源。已有累计16名员工通过中国商飞公司的技能鉴定，其中7人是一次性通过测试，全部来自杭州职业技术学院学徒班。在我校举办的西子联合奥林匹克技能大赛（西子集团公司内部比赛）上有5名毕业生获奖，有些毕业生与师傅同台竞技，甚至在技能上超越了师傅。学校与西子航空工业有限公司共同培养的学生直接参与C919国产大型客机101架机的重要零部件生产，其中一名学生受邀参加C919国产大型客机首飞现场观礼，成为全国唯一有学生参与C919大型客机项目的高职院校。该案例入选《中国高等职业教育人才培养质量年度报告》，并被教育部职业教育与成人教育司司长王继平点名表扬。浙江西子航空的事业发展获得了源源不断的高技能人才支撑。有为数不少的毕业生虽然没有进入浙江西子航空，但投身于机械行业的许多毕业生纷纷不遗余力为西子的品牌与设备做推广。

2.企业的公信力和影响力愈加彰显

杭州职业技术学院西子航空工业学院成立五年以来，是校企携手共同探索现代学徒制育人模式的五年，也是企业蓬勃发展、不断提高核心竞争力的五年。企业与学校的品牌资源形成互补，学校利用企业的品牌资源扩大了对外影响力，集团将品牌优势转化为学校的教育优势。校企双方品牌优势的整合和转换，成为校企双方携手并进的强劲动力。据不完全统计，五年里学校接待各级领导、国内外同行以及企业单位来访约300次，逾5000人次。学校成为企业对外宣传的重要平台，浙江西子航空深耕高端制造、培育大国工匠的企业责任感得到越来越多的社会好评。

（五）服务地方

1.整合专业资源，构建了产教融合型工匠培养平台

高端制造业需要高端人才，航空制造业就是高端制造、先进制造的典型代表。大飞机是目前全世界零部件最多的机器，有400多万个零部件。能把每个零件做精做专，做到世界前列，这不光需要设备，更需要匠心。浙江西子航空与学校联合办学，为航空制造业输送了高素质技能型专业人才，毕业生已成为企业一线部门的主力军，随着现代学徒制培养的深入，在西空各部门累积的杭职业毕业生人数日益增加，学弟们拜学长为师，作为同校师兄弟，在企业里成为师徒关系，践行"深蓝计划"，实现"青出于蓝而胜于蓝"，推进技术技艺的传授和工匠精神的传承。

2.发挥技术优势，构建了职业教育辐射服务平台

校企合作组建应用技术协同创新中心，围绕高精密大构件航空零部件五轴加工领域的应用技术研究、技改攻关，通过企业委托、合作研发、科技咨询等形式，校企合作技术攻关课题39项，成果转让1项。校企共同派遣技改服务队参加杭州市"百千万"活动，获得市"调研之星""破难之星"称号。开发面向企业和社会的航空高端零部件加工模块培训教材和培训资源包，建成包括专业标准库、课程资源库、先进制造素材库的高端装备制造专业群教学资源库，为企业提供培训师再教育和员工学历提升的机会。

以独山港新材料产业学院为例，该学院人才培养道路建设与落实主要以"政园企校"合作模式为主，学院与平湖市独山港经开区、平湖市职业中专、平湖市教育局共建新型校企共同体，并于2021年末正式建立。在该校企合作模式运行过程中，主要以满足嘉兴港区化工新材料生成集群升级所提出的迫切需求，以及未来发展的可持续需求，针对该市的新材料研发与生产、石化产业、医药化工产业、环境质量监测等未来发展现状，与园区内的企业建立产业联盟和校企研究院。在此期间，学校合作园区之间广泛开展社会培训，并且与企业间进行深层次的人才交流、技术探讨、技能鉴定方法，进而与园区和内部企业共同培育出充足且高质量的高素质技术技能型人才。"政园企校"合作模式运行如图4-19所示。

在独山港新材料产业学院"政园企校"合作模式运行过程中，学院与平湖市

第四章 高职校企合作的实践与探索

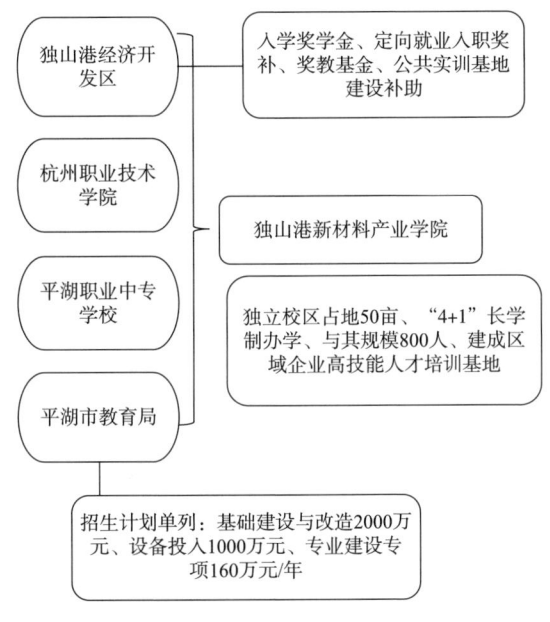

图 4-19 "政园企校"合作模式运行示意图

独山港经开区、平湖市职业中专、平湖市教育局各派出相关成员共同成立了"产业学院"理事会，共同打造领导机构，落实理事会领导下的院长负责制。在日常管理工作方面，主要交由平湖职业中专全权负责，学院院长则由平湖职业中专副校长兼任，副院长职位则分别由杭州职业技术学院所属二级学院院长，以及独山港经济开发区有关负责人兼任。在各项工作全面落实过程中，由学院领导、各职能部门有关负责人、专业负责人、行业有关专家组成工作小组，针对出现的问题进行有针对性的解决。

在该学院"政园企校"合作模式中，全面落实单列招生计划和普通高中同招并行招生模式。在学制方面，与国际通用的5年一体化模式相一致，学生在产业学院内的学习期为4年，之后的1年则是在产业园内的有关企业实习。在这5年学习与实习过程中，全面落实多阶段工学交替人才培养，并将德国AHK化工操作员证书引入进来，打造出石油化工产业、新材料校本课程及相关内容，同时确立了课程考核方案与考核标准，真正实现了书证融通式教学，满足园区相关产业人才需求。

在该学院与浙江独山能源有限公司等企业的合作中，已经成立了智能化实训基地，并且共同建立了检验中心。其中，检验中心具备实践教学功能、职业技能培训功能、技能鉴定考核功能、化工产品检验功能。除此之外，学院还依托园区内所辖高校研究机构及重点企业科研部门，共同建立起升级版具有高度示范性的产教融合"产学研训"实践基地。

第三节 其他形式校企合作

校企合作是高职教育实现与经济融合的必由之路，它以专项技能人才培养为目标，以学生为中心，构建多种多样的合作形式，实现学校与企业的优势互补、资源共享，学校可以更好地发挥自身的科研和人才优势，企业能更好地发挥专业资源优势和市场优势，获得最直接的专业技能基础人才，双方共同发展，实现"双赢"。

校企合作形式是一个载体，它承载了职业教育中校企双方的需求，不同类型的职业院校，在不同的时期，会产生不同的合作形式，职业院校如果能利用好这些形式与企业开展合作，将源源不断地产生良好的合作成果。

一、校企合作的六种形式

《职业学校校企合作促进办法》明确了职业学校和企业可以结合实际在人才培养、技术创新、就业创业、社会服务、文化传承等方面，开展六种形式合作。

（一）技术合作模式

即高职院校与企业开展资源整合优势互补的技术性合作，例如，成立技术研发中心、大师技术技能工作室等，根据校企合作项目发展的不同阶段和进展程度，对技术合理分工以及资源进行合理配置，学校将技术成果输入企业，从而缩短积累周期，减轻企业因科研投入不足，专业人才结构不合理而引起的创新滞后等问题，并且学校投入在一定程度上分担了企业的成本。

（二）科技攻关项目模式

高校和企业联合进行国家或者地方产学研项目的攻关，校企联合攻关一方面引进了企业的技术创新和产业升级能力，另一方面锻炼了学校师生的科研能力与提升了服务地方经济的水平，同时校企联合科技攻关加快了学校的科研成果积累，并将科技成果转化为现实生产力，为企业带来直接经济利益的同时，积累了一定的实战经验且增强了自身创新的能力。

（三）现代学徒制模式

作为近几年教育部提出的一种技术技能型人才培养的创新模式，旨在通过学生、学徒的"双身份"，学校、企业的"双主体"来联合培育人才。学校教师与企业老师施行"双导师"制，通过前期学校与企业调研，双方共同确立人才培养方案、课程标准、人才评价体系等，实现校企深度融合。

（四）职教集团模式

主要通过政府机构、行业组织、企（事）业单位、职业院校、研究机构和社会组织六大类组成的职教集团，围绕地方支柱产业或者特色产业进行优势互补、资源共享、合作发展，为职业院校与行业企业的发展提供全方位的保障。

（五）共建实训基地模式

该模式主要通过学校负责提供实训场地与环境以及部分的设备和资源，企业提供目前生产实践中新型的实训设备或者投入部分经费，在校内共同建设实训基地共同完成校企合作的实训项目，以及实践授课的环节。通过实训基地培训的学生能够直接上岗并会使用新型设备，实现教学与就业的对接与贯通。

（六）共建二级学院模式

通过前期校企双方充分沟通，学校根据企业的实际需要进行与之相匹配的教学环境设计与实施，企业投入部分实训设备并派遣一支常驻学校的企业教师团队，与学校共同负责新建学院的招生与宣传，并可按照一定比例计提学生学费，学校将企业教师与校内教师进行混编，共同完成常规的教学任务以及年度考核任务等，校内教师负责常规专业的授课，企业教师重点负责专业实训实践课的教授，从而实现校内的双主体育人模式。

二、产教融合——以浙江省产教融合情况为例

随着职业教育的不断发展，"产教融合、校企合作"成为近年来促进职业教育、高等教育发展的重要决策，"产教融合"是在校企合作的基础上发展起来的新形式，具有更高的交融性和稳定性，是校企合作的高级阶段。

（一）基本情况和主要成效

浙江省各地统筹资源配置，不断深化产教融合发展，提高人才培养质量，产教融合、校企合作取得积极进展。2018年、2020年，省政府两次出台深化产教融合的实施意见，省发改委、教育厅等7部门联合下发全省产教融合"五个一批"体系实施方案，鼓励各地各校积极参与产教融合试点，建设一批产教融合联盟、示范基地、试点企业及产学合作协同育人项目。加强政策激励，鼓励中心城市和重点学校、行业龙头企业争取国家产教融合试点，努力推进产教融合企业"金融+财政+土地+信用"的组合式激励政策。启动校企合作共同体和示范性职业教育集团建设，各地组建100多个职教集团，与7000多家企业结成紧密合作关系。认定省级校企合作共同体57个，省级示范性职教集团11个。从湖州、绍兴、丽水看，三地都能结合当地发展需求，积极统筹布局职业教育资源，组建若干个职业教育集团，与企业合作尝试产教融合。

1.加强"政行企校"统筹协调，制定相关制度保障产教融合深度推进

自《浙江省深化产教融合推进职业教育高质量发展实施方案》发布以来，在全省范围内各地纷纷制定相关政策。

例如，杭州市教育局组织专班根据国家和省政府最新文件要求，对《杭州市深化职业教育改革实施意见》做了进一步修订完善，将"促进现代职业教育发展暨市属高校产学对接工作领导小组"更名为"杭州市职业教育工作联席会议"，并进一步完善组织架构。温州则印发了《温州市职业教育校企合作促进办法》《校企共同体"十百千万"工程实施方案》《全面推进"五业联动"改革发展方案》《温州市"新温商新瓯匠"项目评审办法》等文件形成政策组合拳。金华市政府结合金华职业教育与企业的实际，在调研基础上出台了《金华市深化产教

融合推进职业教育发展实施意见》，积极推进6个项目建设，提出了具体的发展目标和发展计划。绍兴市先后出台《绍兴市职业教育集团建设指导意见》《关于进一步完善职业教育集团运行机制的通知》，2020年5月，又出台《绍兴市深化产教融合五年行动计划（2020—2024年）》，在全国率先建立《职业院校产教融合评价指标体系》，按照组织保障、基础条件、师资队伍、产学合作、人才培养和合作发展6个一级指标、16个二级指标、44个三级指标，对职业院校产教融合情况开展定量评价，《中国教育报》对此进行了专题报道。

2.基于试点工作，推进"1+X"证书、现代学徒制落地，创新协同育人模式

各地稳步推进"1+X"证书制度试点工作，大力支持企业、中职积极参与"1+X"证书制度试点，不断探索书证融通机制，鼓励学生取得更多的职业技能等级证书，努力提升综合职业能力。例如，杭州市共有24所中职学校参与试点，涉及34个专业、57类（86项）证书，试点的学生规模达5650人次。如中策职校目前已参与工业机器人应用、5G基站建设、污水处理、邮轮运管、运动营养等11个行业证书认证。嘉兴市依托企业学院、联合骨干企业、联袂德资企业、对接行业组织及延伸高中学历起点等五种模式开展现代学徒制试点，清华长三角研究院、2025中德合作联盟也加入试点合作单位，提升了试点的国际化、专业化水平。探索湖州特色的"334+N"现代学徒制实践模式，推进现代学徒制试点深化扩面。全市14所中职学校所有专业均推行了现代学徒制，实现学校与相关专业的全覆盖。

3.实行多元模式，深入构建产教融合特色发展机制

各地不断探索和创新，与本地支柱产业、特色产业发展、乡村振兴深入对接融合，与企业在育人模式、专业建设、师资培养、技术升级、文化融合等方面深度合作，通过建立校企共同体、职业教育集团（联盟）、校外实训基地、产业学院等方式，形成产教融合新实践。

例如，丽水市优化市域内职业教育资源配置，组建以丽水职业技术学院为龙头，政、行、企参与的丽水职业教育集团，吸引纳爱斯、奥康、艾莱依、方正电机等知名企业和行业协会、科研机构加盟的职业教育集团。嘉兴坚持"政、校、行、企"四方联动，依托企业学院、跨企业培训中心、协同创新中心等产学研共同体、中职体验中心、教育型企业等载体，多路径探索，多模式实践，创造了地域化、本土化、一体化的样本。杭州则全面实施杭州市中职教育质量提升工程

（含"三大工程""十个建设项目"）并圆满收官。

4.对接产业办专业、对接生产过程设课堂，形成理实一体化教学新模式

按照"围绕产业设专业，办好专业促产业"职教思路，建立随产业发展动态调整的专业设置机制。依据行业企业人才需求，参照职业行业标准，把学生学习的过程与生产过程有机融合，形成了"做学教评一体、产学研训联动"的人才培养模式。

通过让全体教师到车间办公，与企业互换交流技术人员等措施把教师"排"到车间，"放"到企业，从而形成项目引领、任务驱动、课内外双线制等一系列异彩纷呈的教学方法，打破过去"先学后做"的教学习惯，实现了"做中学、做中教"的一体化教学。

（二）存在的主要问题

产业与教育未实现真正融合。由于缺乏政策支持，社会参与职业教育渠道不畅，企业等社会力量举办职业院校和合资合作参与职业教育的动力不足。

1.产教融合、校企合作政策制度保障还不完善

尽管当前国务院相关部门已经针对产教融合制定了一些相应的规章制度，在部分地方性政府也有相应制度进行支持，但是执行力度严重不足而且这些制度缺乏约束力使其成为并不具备实际作用的规章制度。

例如，政府对企业参与校企合作的购买服务、经费补偿政策不够完善，不能给予企业合理回报，导致企业积极性不高。再如，国有资产管理难以突破，学校引企入校共建实训基地，往往被误解为"国有资产流失"，特别是学校与企业开展生产、社会培训等社会公共服务所得收入，未能在教职工薪酬中予以体现，与劳动付出不匹配，挫伤学校和教职工积极性。出现这种情况与国家没有制定完善的法律法规有关，所以还需要从国家这一层次上加强重视进而有效解决所存在的问题。

2.产教融合深度不够，"两层皮"现象依然存在

产教融合已在"点"上有所探索或突破，但整体来说产教融合的力度不够大、渠道不够畅通、形式较为单一，深度及广度都有待加强。学校和企业之间的合作处于浅层次、自发式、松散型、低水平状态，实训设备、教材、课程、教法更新与最新生产实际脱节，尚未根本形成教育和产业统筹融合、良性互动的发展

格局。企业作为产教融合的主体积极性不够高，一些企业定位不准，与学校的合作只是为了寻求廉价劳动力，追求短期效益，没有把产教融合作为内在发展的需要、没有将人才培养纳入企业价值链之中。

学校在培养目标、课程开发、教材建设、实训环节、质量评价等方面尚未与产业、企业实现深层次对接，所设专业与经济社会、行业产业贴得不紧，导致人才培养与实际需求脱节。学历职业教育与职业技能培训分别由教育行政部门和人社部门管辖，产教融合的牵头单位是发展改革委，而企业则是在多个不同行政部门的管辖范围内，不同行政部门掌握的职业教育资源并未很好地统筹使用，影响了办学资源的使用效果和完整职业教育体系的建立。人社部门实施的新型学徒制每位学徒享受4000元财政支持，但教育部门现代学徒制未享受经费支持。

3.职业院校自身能力存在不足

一些职业院校未能很好规划专业设置，在培养目标、课程开发、教材建设、实训环节、质量评价等方面尚未与产业、企业实现深层次对接，所设专业与经济社会、行业产业贴得不紧，导致人才培养与实际需求脱节；课程内容不能根据实际需求进行相应的改变，不符合企业发展对人才的要求，职业院校的教学水平依然没有显著提高，与高等院校之间存在较大的差距，导致所培养的人才不被企业认可，使得产教融合只是一种形式，而无法落到实处；教师的社会服务能力不强，不能很好地解决企业所需的技术问题，企业认可度不高等。

4.混合所有制职教改革遇政策瓶颈

职教混改在教育部、人力资源和社会保障部等部委文件中都有提及；在地方政府文件中提到要"探索""鼓励"，但要开展试点很难，因为职教混改政策还不完善。区县市出台新政难度巨大，远非教育一个部门所能决定。

（三）工作建议

1.制定相关政策，积极调动企业积极性

一是增加发挥企业办学主体作用。明确除各级政府部门在职业教育中应承担的责任外，为推动产教融合、"双主体"育人，还需明确各行业组织、企业参与职业教育（含职工培训）应尽的义务和刚性要求，并与企业税负减免、信用等级评定等实行硬挂钩。

二是建立企业参与职业教育的财政补助机制。支持鼓励区域骨干龙头企业积极参与职业教育，提升职业教育服务产业发展的能力，推动产教深度融合。政府要增加用于企业参与职业教育的财政拨款，采用政府购买服务的方式落实企业接收职业院校学生实习实训资金补助，支持企业更新技术和工艺、设施和设备、管理和服务等要素推动产教融合。

三是制定企业参与职业教育的税收减免操作办法。相关部门应针对参与产教融合的企业制定企业税收的减免政策（或税收抵扣政策）、经济损失的补偿、捐赠扣税、政府税收方面荣誉奖励等政策具体操作实施办法，让参与职业教育的企业获得实实在在的利益，充分调动企业参与职业教育的积极性。

四是制定在职业教育中有突出贡献企业奖励办法。对被评为市级以上产教融合型企业、实习实训基地等荣誉的企业或其他形式参与职业教育改革的企业设置专项奖励资金，厚植企业参与职业教育的积极性。

2.围绕企业需求，着力推动产教融合落地落实

深化产教"五个对接"，推进校企合作、产教融合贯穿于人才培养全过程。支持职业院校申报省"五个一批"产教融合工程项目，大力培育产教融合型企业，实施产学合作协同育人项目。推动产业学院建设，打造实体化运行的示范性职业教育集团（联盟），建设具有辐射引领作用的高水平专业化产教融合实训基地。推动学校与行业企业合作开发教材，确保教材随产业发展及时动态更新。

鼓励职业学校根据学生特点创新教材形态，建设活页式、工作手册式、融媒体教材。积极稳妥推进"1+X"证书制度试点工作，及时总结试点工作经验做法，增强学生就业创业本领。继续推进现代学徒制提质扩面，探索中职学校与高职院校在学徒制方面的有机衔接，推进现代学徒制与企业新型学徒制有机衔接，并及时总结相关经验及做法。

3.打通企校人才通道，培养高素质职教师资队伍

政府出台相关政策支持职业院校教师下企实践，解决相应时间、待遇、获取报酬等问题，同步打通企业高端技能人才服务职业院校的通道。

一是在市级各类技能人才荣誉评定项目中适当设置"企业技术人员要有参与职业教育产教研工作"的条件。

二是将"大师引领""技师带徒""技术革新"等参与职业教育的项目列入企业高端技能人才的相关绩效考核，以此形成企业高技能人才参与职业教育工作的闭环。

三是要对职业院校引进高层次、高技能人才以直接考察的方式公开招聘，建立人才引进绿色通道，以此保障产教融合推进职业教育高质量发展。

4.提高"1+X"证书含金量，建立"1+X"证书的配套制度

一是规范"1+X"证书的监督机制，保障"1+X"证书的含金量；规范"1+X"证书的考证培训与收费依据或者资助政策；将"1+X"证书制度与中职生毕业标准、技能过关考、选修课课程建设等结合起来，赋予"1+X"证书的多重意义，让学生乐于学、乐于考。

二是进一步加强人社与教育部门的互联互通。加强两者的有机衔接，在双主体育人模式试点、职业资格证书获取等方面能达成一致，努力推动学历文凭和职业资格证书"双证互通"，学历证书考试与职业资格证书考试"两考合一"，实现职业教育内容与职业资格标准无缝衔接。

5.深化主体多元的办学体制改革，健全混合所有制办学法规

产教融合走向实体化运作，现实存在教育用地参与生产经营、资本混合、国有资产管理等方面的政策瓶颈和操作难度。建议省政府加快出台有关"混合所有制办学"法规性、指导性、可操作性文件，落实引进社会资本投资兴建产教融合实体化平台的相关政策机制。尤其是针对学校国有资产如何参与混合，社会资本如何获得合适收益，需要有切实可行的办法、措施和优惠政策。如可优化国有资产管理办法，鼓励职业院校以教学场地、设施设备为主要资源参与乃至入股产教融合实体平台的建设与运行，切实保障职业院校有效开展混合所有制办学。

第五章

校企合作中的可提升空间与策略途径研究

改革开放以来我国校企合作经历了建立与深化两个阶段,在国家大力发展职业教育的浪潮下,校企合作也得到了快速发展,然而,存在的问题与隐患也日趋明显,本章就校企合作中的问题进行分析,并提出解决办法。

第一节 校企合作存在的可提升空间

2008年,《教育部关于进一步深化中等职业教育教学改革的若干意见》明确将校企合作确认为中国特色的职业教育人才培养模式和中等职业学校基本的教学制度。虽然目前校企合作已经成为高职院校的主要办学模式,但在快速发展中,仍存在合作层次较低、质量不高、方式单一、联系不紧密、合作不交融等问题,本节从校企合作的浅层次和深层次对其产生的原因进行分析。

一、校企合作表层待开发空间

从当前我国高职院校校企合作模式构建与运行的基本现状出发,最表面的可提升空间表现极为明显,就此导致校企合作形成了一个非良性发展循环,具体如图5-1所示。

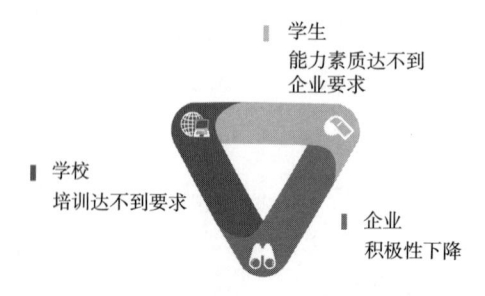

图5-1 校企合作中表层待开发空间

高职校企合作的表层可提升空间在运行中表现在以下5个方面。

（一）从双方合作来看，学校难以或不能主动为企业提供服务

在传统的校企双方合作中，大部分以学校为中心，缺乏对整体区域产业、行业的把控，这就造成对职业岗位的需求了解有滞后性，学校设置的专业课程设置、课程体系等与行业不符，培养的人才不能精准胜任企业岗位。另外，我国大部分的高职院校是由专科院校发展而来，学校师资力量本身带有很大局限性，再加上后期发展过程中因各种原因招聘的教师能力得不到保障，院校教师既不了解前沿技术，又不具备科研实力，大部分没有实践经验，也不懂行业市场的规律，难以参与企业技术攻关，为企业产品升级、持续发展提供培训与技术的支持。而且职业教育整体具有发展晚、发展快的特点，发展晚说明职业教育未能达到成熟阶段，高职院校在发展过程中优先整体发展，实现招生并达成一定的就业率，而到校企合作这一职业教育深入发展的阶段却有所欠缺。院校的硬件设施、教学环境等可能不具备培养企业需要的人才的能力。

（二）从双方合作投入来看，高职院校投入校企合作的经费和企业资源、财力投入均不足

高职院校特别是民办高职院校，主要办学经费来源于学生学费、捐款、校办收入，政府的财政支持也常常由于政策、经济发展情况等而受限，这种情况下高职院校的收入基本依靠自筹，有限配置其他资源，在校企合作方面的资金投入不高。而企业从经济效益的角度出发，更不可能在看不到利润的前提下投入。所以校企合作得不到经费在实习实训场所、师资队伍建设、管理等方面的投入，因而难以实现深度发展。

（三）从双方合作的培训过程来看，院校的专业设置不合理，教师能力达不到要求

专业培训设置不合理也是一个恶性的循环过程。校企合作前期融合性不高，企业参与专业课程设置的程度低，甚至以学校为主导的校企合作，企业根本不会参与专业培训，导致培养方式、课程建设等方面与企业的岗位需求不相符，院校以传统的大众化、学科化的教学模式设置培训方式，虽然兼顾了整体，是一个完整的教学理论体系，但缺乏职业教育应有的专业特色，难以培养出专业技术

人才。

另外，校企合作的评价机制不健全，对于培训反馈结果的不重视等加大了校企合作改善难度，使整个机制呆板、运作效率低。教学重点把握不到位，课程设置和学分评定偏向理论知识方面而忽略了实训科目，这也是影响校企合作审核的一个重要原因。

校企合作的一个重要环节就是师资队伍建设，但从高职院校的教师质量来看，教师的能力难以得到保障。目前我国提倡"双师型"教师，但很多院校的"双师"教师掺有很大水分。有的教师虽具有双资格证书，但没有实习经验，实践操作能力、对行业的把控能力还是存在差距，而企业的兼职教师则可能对学校的教学工作难以胜任。

从培训内容看，技能培训和理论知识培训未能达到平衡状态。一味地重视实训技能培训和一味地重视职业理论知识学习都是错误的，合理正确的高等职业教育人才培养应该是"理论够用、注重技能"。在校企合作的探索中，一些高职院校认为理论知识不如技术训练更容易出成绩，所以偏重单一技能训练，只锻炼学生的技能，但职业素质不仅在于掌握当下的技术，更在于是否能够满足学生长远的职业发展，通过知识理论知识的学习，让学生掌握完善的职业能力、职业素质，拥有发展后劲，甚至能够拥有创新能力。

（四）从校企合作的结果来看，学生能力素质与综合素质达不到企业要求

近年来，"定向培养"的方式存在广泛，"定向培养"是指为特定地区、部门或单位招收和培养学生的制度，虽然在一定程度上解决了人才需求问题，但这种人才培养方式也存在问题。一方面是教学任务、教学时间安排不合理，学生难以兼顾课程和实训，难以取得良好教学效果；另一方面，学校在这种校企合作中处于被动地位，课务调整、教学计划、教学内容等都需要和企业同步，增加教学管理难度。

上面所说，一方面是由于教师能力问题，另一方面是由于校企合作的专业设置培训等问题，学生职业专业技能和综合素质方面仍然不足。院校培养学生的目的是实际就业，但高职院校学生仍难适应到企业工作的角色转化。在顶岗实习期间，未能很好地培养出学生的职业素质。学生脱离学院状态到进入社会，进入企业，必须转变身份，从遵守学校规章制度到学会遵守公司的各项规章制度、工艺要求、安全操作等规程，做好上岗的心理建设。职业素质不仅包括职业能力，更包括职业道德、职业操守、工作积极性、工作抗压性、职业规划等能力，学院不能只追求一时的培训效果，更要注重培养学生的素质教育，达到终身受益的效果。

（五）我国职业教育校企合作地区差异大，发展不均衡

我国国土面积大，但东部、中部、西部经济发展不均衡，在改革开放初期，形成了先富带后富，经济发达地区带动经济落后地区的趋势，虽然近年来采取了一系列措施纵横发展，但经济发展不均衡问题仍然凸显。在校企合作中，职业院校的发展能力往往是由各地区生产力水平决定的，校企合作培养的学生大多还属于当地经济发展，二者是相辅相成的，所以我国的职业教育也呈现出发达地区引领、欠发达地区突破、沿边地区凸显地缘优势的趋势。我国职业教育发展比较好的集中在东部沿海地区，中部地区位列其次，其余在稍边远地区。

二、校企深层合作的待开发空间

就当前而言，高职校企合作办学模式依然存在极大的深度开发空间，将其转化为现实必然会促进校企合作体制机制的改革与创新发展。其中，笔者结合当前所在学校的校企合作办学模式，将校企深度合作的待开发空间做出明确的阐述。

（一）高职院校在教育理念上还要进一步优化

从笔者所在学校人才培养的基本理念出发，更加强调学生专业知识与专业技术的培养，最为突出的表现就是学生专业理论课和技术实践课所占比重较大，课程教学的形式主要以固定授课和校内实训为主。其中，专业理论课更加注重学生知识的积累，校内实训课以技术指导为主。这一现状在其他高职院校显然较为普遍，学生职业技能、职业能力、职业素养、创新能力、综合应用能力培养普遍还有待进一步提升，这也是人才培养理念尚未实现真正立足学生全面发展的具体表现。

（二）高职校企合作模式的参与主体还要进一步丰富

结合当前笔者所在学校校企合作模式运行过程所涉及的主体，最为直观的感受就是学校仅仅与企业之间建立了合作关系，其他主体并未能真正参与到校企合作模式的运行过程之中。最为明显的体现在于两个方面：第一，政府自身的职能与作用未能得到充分体现；第二，较为前端的科研成果和较为完善的生产企业并未参与到校企合作模式运行之中。这样就导致学校学生很难做到在第一时间了解最前端的科技创新成果，也很难做到将已经掌握的专业知识和专业技术在生产活动中进行创新的局面产生，进而高职人才培养的总体质量很难达到预期目标。

（三）高职校企合作模式的体制机制还有待进一步完善

就当前笔者所在学校校企合作模式的体制机制构建情况而言，现存的机制主要包括运行机制和评价机制，运行机制中主要制定教学计划、建设专业实训基地两项内容，监管机制主要针对校企合作的阶段性成果进行评价。其间，监督机制、保障机制并未成为校企合作体制机制的重要组成部分，由此导致实施力度难以得到充分保证、企业合作动力不足等现状的产生。这些显然都是今后高职校企合作实现深层次发展的可提升空间所在，也是全面提升高职校企合作模式运行成果的动力因素和保障因素所在。

通过本节的观点阐述，可以看出在当前高职校企合作模式运行过程中，实现深度合作还有较大的待开发空间值得深入探索。其中，主要包括表层待开发空间和深层待开发空间两个方面，这些待开发空间产生的缘由也极为明显，能够为高职校企合作实现深度合作提供重要的参考依据，更为体制机制的创新指明方向。

三、校企合作国际化的待开发空间

教育部原部长陈宝生在"两会"答记者问时，指出未来中国教育应该走到世界舞台的中央，成为教育标准输出国，成为全球学生留学向往目的地。基于此，校企共同体如何嫁接优质教育资源和国内知名企业一起走出办国际分校，是我们下一步要重点思考的问题。合作办学采用学制"2+1"培养模式，前两年在学校内部进行基础课、专业课的学习，第三年到合作的外资企业学习深造。期满后经考核合格，推荐到外资企业所属国家相关学校留学及就业。从而希望借助这一有利平台，为学生提供更广阔的学习和就业途径，培养具有国际视野、通晓国际规则的国际化技术与管理人才。

结合当今社会发展现实情况，诸多不可抗力的产生显然为学校国际交流工作带来困难与挑战，同时也带来了新的机遇。国家对外开放的大趋势不会变，学校服务国家政策、地方经济的职能不会变，我们需要的是转换思路，认清形势，变被动为主动，寻找新时代学校国际交流工作的突破口和新路径。

第二节 校企合作可提升空间产生的缘由

改革开放以来,校企合作不断演变与完善,以1996年颁布的《职业教育法》为契机,校企合作的政策无论是在广度还是在深度上都有所加大,校企合作的办学政策由宏观向微观逐渐转变,内容也更加具体化。虽然目前我国的校企合作已取得初步进展,但就总体发展来说,虽然已经取得了诸多显著的成效,但不可否认的是,在多个方面还有较大的提升空间,其缘由如下。

一、目标的统一性有待进一步提升

企业追求经济效益,院校追求社会效益,为社会培养高质量的人才,两者在市场经济的条件下背道而驰,也为双方合作带来盲目性与风险性。没有统一明确的目标,双方都想为自己的发展谋利益,往往会造成"竹篮打水一场空",既保证不了学校的教育质量,难以培训出企业所需的人才,也会让企业的投入收获不成正比。

二、校企合作的实质性应进一步体现

在市场经济瞬息万变的今天,我国的行业、企业处于不断的改制和转型之中,想要在这种情况下寻求一个长期的、稳定的、能全面满足教学需求的企业,几乎是不可能的。院校要正确认识到这种现实,不要将校企合作太过理想化,应树立具体问题具体解决的思想,遇到现实问题不断去解决,灵活调整教学内容和实践方式,适应市场和企业的发展变化。

三、高职院校科研能力有待进一步增强

高职院校因为自身经费以及社会地位等问题，难以吸引科研实力强劲的高职教师，形成不了具有"科学研究"能力的师资队伍。而且在职业教育中，很多高职院校强调技能操作，而忽略了高层次的科研水平，从教师本身具备的水平和主观能动性上说，高职院校的科研能力都难以提高，提高校企合作层次需要寻求这方面的出路和突破口。

四、需要更深层次审视未来校企合作模式的发展方向

校企合作是院校与企业、行业合作的一种尝试，它的成功与否要看能否正确判断与适应企业、行业的发展。高职教育的办学宗旨是"面向社会、着眼未来、服务经济"。当今社会发展日新月异，一个新兴行业可能顺着时代发展迅猛，有的行业也可能会随着社会的变化没落，校企合作作为在市场经济运作下的经济模式，一定要及时调整专业设置和实践课程，集中力量在短时间内开设经济建设急需的专业，这是一个战略性问题。但在实际过程中，高职院校因为人员素质、办事效率等问题，不能有效把握市场的短期性和教育及人才培养的长远性有效结合，忽视社会需求，导致不能适应社会发展方向。

五、政府统筹与引导作用仍需进一步加深

校企合作必须要有企业、政府、院校三方的共同参与，但是当前我国政府在校企合作上未能做好统筹和引导工作。

一方面，没有明确的法规对政府在校企合作中的行为和职能进行约束，校企合作常常被认为是政府行为和职责之外的事情，政府参与校企合作的主动性不高；另一方面，政府对企业参与高职校企合作的机制建设还停留在宏观管理和舆论宣传上，缺乏必要的法律、政策、制度保障，缺乏对校企合作的具体参与、检查和监督。因此，政府行为和职能的确成为制约我国高职院校校企合作发展的重要瓶颈。

六、高职院校教育理念的与时俱进应进一步体现

在我国，"高等职业教育"在民众的认知层次中，属于比本科低一层次的大

学专科教育,"成绩不好的才去""出来之后没前程",甚至高职教育者内部不管是教师还是学生都存在自我贬低的现象,没有自豪感,教师满足于职业教学和实践操作的现状,不积极思考创新,学生则认为相比于高校学生自己在学习上"低人一等",在这里学习只为混个文凭。在这种教育教学环境中,教师和学生长期处于消极状态,难以真正实现个人发展。

七、校企合作的深度仍需不断增加

校企合作的深度需不断增加,是因为:一方面是校企合作不深入,直至今日,仍然是"一头冷"的状态,在激烈的市场竞争中,职业院校的反应总是慢一拍,企业的市场需求无法以最快的速度传递给学校,校企合作的效果不甚显著,导致企业参与积极性低,校企合作层次低;另一方面,从结果上来说,浅层次的校企合作实现不了办学的整体效益,难以形成可持续发展、具有循环性质的组合机制,难以将校企合作的教育优势完全发挥出来。

八、长效机制的构建与实施力度还要不断加大

高职校企合作体制机制的构建与运行具有极为明显的系统性,任何一个环节出现纰漏都会导致运行过程脱节,最终会造成高职校企合作培养人才的效果大打折扣。可是,就当前高职院校在构建与运行校企合作办学模式过程而言,虽然已经建立了运行机制和监管机制,但还不完善,监督和管理机制的有效性也需要进一步提升。另外,在保障机制、激励机制的构建与运行方面,普遍是高职院校校企合作办学模式构建与运行的短板,还需要不断优化与改善。总而言之,高职院校现有的体制机制的构建与运行很难形成一套基于长远人才培养目标的校企合作机制,也很难真正实现双方资源、风险共担、优势互补、利益共享。因此,这也是未来高职校企合作体制机制改革与创新的基本侧重点,进而确保高职高素质技术技能型人才培养质量不断提升的同时,能够促进行业和社会实现可持续的、又好又快的发展。

第三节 增加校企合作深度的策略与途径

本章上一节针对当前高职校企合作办学模式所存在的可提升空间以及产生缘由进行了全面的阐述与分析，让增加校企合作深度有了较为明确的方向。然而，怎样才能将其转化成为现实还需要不断进行深入的探索与研究，而明确其对策与途径显然是不可缺少的环节。

一、增加校企合作深度的策略

在明确当前高职校企合作可提升空间的基础上，如何做到将其可提升空间在现实中体现出效果就成为关注的重点，制定出可行的策略无疑是第一步。本节就增加校企合作深度的策略进行全面阐述，进而为构建增加校企合作深度的途径奠定坚实基础。

（一）立足时代发展，明确校企合作共同目标

明确发展目标既是确定未来发展方向的第一环，也是各项活动从无到有过程中的首要环节，目标的准确性自然会关乎活动成功与否，高职校企合作办学模式始终保持可持续和又好又快发展更是如此。在这里，立足时代发展要求实现校企双方明确共同的合作目标显然是重要前提。其具体操作无疑要包括审视时代发展大环境，明确技术型人才培养的大方向，确立人才培养主视角并提出校企合作的侧重点，最终制定出人才培养所要达到的目标。

（二）健全内容，提高校企合作的实质性

高职校企合作办学模式运行过程之所以存在极强的系统性特征，其根本原因

则是在于运行过程中所涉及的要素较广，同时要求合作方要保持全程参与，并且结合实际的运行情况及时加以调整，由此方可确保高职校企合作人才培养的总体质量。在此过程当中，需要合作方在合作内容上加以高度明确，进而确保向各个合作主体之间传递的信息更为具体、更为有效，校企合作的实质性也会得到明显提升。例如，在学校与合作企业之间，要明确在哪些领域和范围上保持合作，合作的方式体现合作的过程，各自的责任与义务的具体涵盖，合作措施如何进行调整等，这样学校与企业之间必然会明确自身的职能、责任、义务，校企合作的实质内容与过程也会更加趋于完善。

（三）立足时代用人需求，增加校企科研力度

就时代发展的"突进器"而言，知识创新与技术创新显然是推动时代发展进程的核心力量，各行各业都在通过知识创新与技术创新来达到提质增效的目的，所以具有创新能力的人才成为社会需求的主要方向所在。高职院校作为高素质技术技能型人才培养的基地，强调人才培养道路中掌握新技术、新材料、新工艺就成为重中之重，以此来激发学生创新意识和创新思维的形成，并最终在生产实践中转化为创新成果。在这里，高职校企合作模式中，必须增加校企双方的科研力度，为学生搭建科研新成果产出的平台，以此为依据让学生深刻意识到创新不仅局限在本专业领域，更能体现在跨学科、跨专业、跨领域，故而确保高职学生创新能力得到全面发展，同时也让高职校企合作模式人才培养始终与时代用人要求同步。

（四）放眼未来，确定校企合作的发展方向

校企合作作为我国高等职业教育特有的一种办学模式，强调高职教育人才培养要与行业发展相对接，同时还要与社会发展相同步，进而培养出既适用、又好用、更能保持可持续发展的技术型人才。就当前乃至未来社会发展的大背景与大趋势而言，全社会在技术型人才需求的取向方面，要求人才不仅具备基本的专业知识、专业技术、职业技能，同时还要具备创新能力、职业能力、职业素养、综合应用能力，故此将其称为高素质技术技能型人才。针对于此，学校与企业之间要立足这一人才需求方向，确定校企合作未来的发展视角，并制定出高度系统化的校企合作模式运行方案，全力保证当今社会和未来社会对于技术型人才的具体

需求得到全面满足。

（五）政府进一步加强在高职校企合作中的职能作用

众所周知，高职校企合作除校企双方共同努力外，还需要有充足的外部条件作为支撑，政府显然要作为提供一切外部支撑条件的重要主体。如帮助高职院校寻找理想的合作企业，为学校和企业提供理想的政策环境，协调校企合作进程中的相关事宜等。这也意味着政府在高职校企合作办学模式中应该发挥多项政府职能，并且要深度履行自身的责任与义务，由此方可确保高职院校与合作企业之间实现协同育人，为高职学生知识与技能、能力与素养的全面发展提供全面的外在保障条件，更为高职校企合作模式能够更好地满足新时代创新技术技能人才培养要求提供有力保证。

（六）立足行业用人标准，及时更新高职院校教育理念

时代的发展、社会的进步都标志着无数优秀人才涌入社会，创造力推动了社会各个领域的发展。面对当今时代以及未来时代发展的大背景，高职校企合作办学模式的发展无疑为培养更多适合时代发展大趋势的优秀人才而服务，所以在高职院校教育理念方面必须始终保持与时代发展的宏观方向，以及具体要求相统一。其中，行业用人标准无疑能够充分反映时代发展的宏观方向和具体要求。针对于此，高职院校要与合作企业之间保持深度合作，客观审视行业发展的大趋势，明确行业内部的用人需求，以此为中心并结合促进学生全面发展的教育理念，进而形成与时代发展相统一的高职教育新理念，确保校企合作模式能够为时代发展、社会进步培育更多高质量人才和服务。

（七）突出多主体相互协同，增加高职校企合作深度

就当前时代发展而言，行业内部要求高职院校学生必须具有完整的知识与技能结构，同时在职业能力与素养，以及创新能力和综合应用能力方面较为突出，以此能够推动行业的整体发展，确保企业之间的核心竞争力始终保持最大化。企业为学生职业能力与职业素养的发展提供较为理想的载体，学校则为学生知识与技能的不断强化提供广阔平台，而学生创新能力和综合应用能力的全面发展自然也需要有理想的载体作为支撑，故而寻找相应的合作载体，实现多方协同就成为

高职校企合作进一步增加合作深度的有力保证，政府、科研机构、生产基地无疑是最为理想的选择，也是提升当前高职校企合作水平，实现多方共赢的基本策略之一。

（八）建立高职校企合作长效机制，确保校企合作模式创新性不断增强

毋庸置疑的是，当前高职校企合作模式之所以还有较大的可提升空间，其根本就是体现在校企合作模式运行过程中，长效机制并不完整，导致合作的主体仅包括学校、企业、政府三个方面，彼此之间所能够发挥出的职能，以及履行的责任与义务并不明确，由此造成校企合作模式的运行效果并不明显。针对于此，确保长效机制的不断完善就成为全面加强高职校企合作的关键所在，也是全面提升校企合作模式创新性的重中之重，更是高职校企合作体制机制创新的重要一环。

二、增加校企合作深度的途径

在明确增加校企合作深度的策略基础上，通过怎样的手段将其策略转化为现实成为接下来重点研究的对象。针对校企合作的共同目标、实质性内容、科研水平的加深、合作大方向的确定、政府职能新定位、教育理念等多个方面，笔者认为在构建、明确、完善过程中，要以时代发展的大背景和大环境为出发点，方可确保途径更为理想。对此，笔者认为增加校企合作深度最具可行性的途径体现在以下八个方面，如图5-2所示。

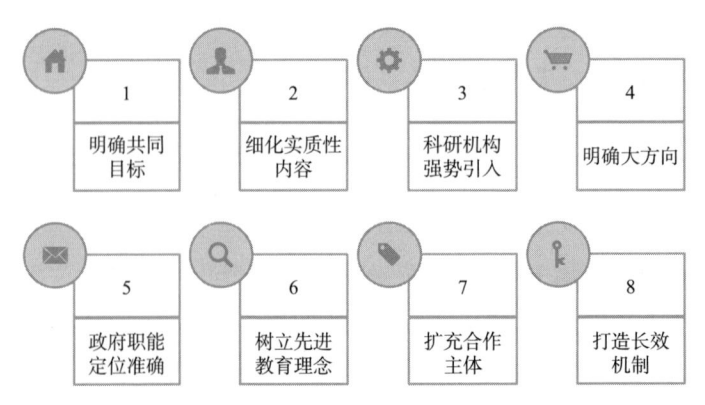

1 明确共同目标	2 细化实质性内容	3 科研机构强势引入	4 明确大方向
5 政府职能定位准确	6 树立先进教育理念	7 扩充合作主体	8 打造长效机制

图5-2 全面增加校企合作深度的途径示意图

第五章　校企合作中的可提升空间与策略途径研究

（一）针对行业发展的用人需求，建立校企合作共同目标

高职校企合作办学模式的不断发展，就是为了人才培养的最终结果能够满足行业发展的需要，适应行业未来发展的大趋势，进而确保行业发展始终拥有不竭的动力。这就意味高职校企合作模式的构建必须要有明确的共同目标。其中，目标要分为近期、中期、中长期三个阶段。近期目标在于学生专业知识与专业技术的基本掌握，同时在职业技能、职业能力、职业素养方面有一定的了解和认知，为学生深入了解自身专业领域以及所从事职业未来发展要求打下坚实基础。中期目标则是体现在学生能够掌握相关专业知识与专业技术的同时，还要对职业技能、职业能力、职业素养方面有深入的了解，要有客观的认知。另外，在创新意识和综合应用能力方面得到一定的发展。中长期目标主要体现在学生知识与技能创新方面，要求学生能够结合所学习的知识和所掌握的职业技能，通过新技术、新工艺、新材料的使用将其细化，进而形成具有创新性的实践成果，力求让创新精神和工匠精神在工作实践中得以传承和弘扬。

（二）明确校企合作基本流程，细化校企合作的实质性内容

毋庸置疑，理想的高职校企合作模式的构建与运行，需要拥有极为系统的运作流程作为重要支撑，其间各项机制才能稳定地发挥出应有的作用，这正是高职校企合作体制机制的重要构成。针对校企合作基本流程而言，必须包括的内容主要体现在三个方面：第一，高职院校积极寻求合作企业、机构、团体、组织，达成合作意向的同时，要建立起合作关系。第二，明确合作过程中的职能、责任、义务，做到签订三方合作协议。第三，按照协议内容开展各项教育教学活动，确保学生知识、技术、技能、能力、素养的全面发展。在此过程中，政府要充分发挥协调、保障、监管、服务职能，确保合作主体之间能够保持相互协同的状态，为共同的合作目标不断增加其投入力度，确保高职院校人才培养成果的最大化。

（三）强调企业科研机构和社会科研机构的强势引入

众所周知，高职学生正处于科技、信息、技术飞速发展的新时代，无数新技术、新工艺、新材料相继出现，为我国社会经济发展增添了不竭动力。面对这一发展背景，如何让学生走向工作岗位从容驾驭这些新技术、掌握新工艺、应用新材料从事产品的生产与制造，就需要高职院校与合作企业之间不断进行深入的探索，提高自身的科研能力。其中，最为理想的选择莫过于将科研机构纳入校企合作模式之中，明确各自的职能、责任、义务的同时，确定互利共赢的发展前景，由此让学生知识创新与技能创新发展成为现实，确保高素质技术技能型人才培养的实质性载体得到拓展，达到全面提升高职人才培养质量，实现人才品质化跃升的最终目的，而这无疑也是高职校企合作体制机制改革与创新的重要组成部分。

（四）立足中国特色社会主义建设时代新要求，找准校企合作办学的大方向

党的十九大胜利召开，标志着中国特色社会主义建设步入历史新阶段，全面开启建设中国特色社会主义现代化国家建设的新征程。生产制造业作为我国重要的支柱产业，高质量人才培养已经成为我国教育事业发展的基本侧重点。高职院校作为我国高质量技术人才培养的前沿阵地，面对当今时代发展的历史大背景，高素质技术技能型人才培养已经成为根本任务。对此，校企合作模式的运行与发展中，必须将全面培养高质量高素质技术技能型人才作为校企合作办学的大方向。其间，既要针对学生专业知识与专业技术的培养，更要强调学生职业技能、职业能力、职业素养的全面发展，并且要将学生创新能力以及综合应用能力放在重要位置，这显然是当今时代背景之下，高职校企合作办学模式发展的大方向所在，也是高等职业教育能够更好地应对未来时代发展的根本立足点，力求人才培养能够向高技能人才行列迈进。

（五）积极吸取成功经验，明确政府在高职校企合作中的职能定位

校企合作办学模式已经成为我国高职院校的普遍选择，并且各高职院校普遍结合本地区发展优势，逐渐探索出适合本地区和本校可持续发展的道路。对此，诸多经验值得高职院校加以借鉴。但纵观成功办学经验，共同的一点是政府发挥的作用不可忽视，职能表现极为明显。其中，服务职能、协调职能、监管职能、评价职能最为显著，为高职校企合作模式的发展提供了全方位的支持与保障。该经验值得各高职院校在校企合作办学模式改革与发展中加以借鉴。明确政府本身的服务、协调、监管、评价职能是确保高职校企合作以及地方经济实现又好又快发展的必然因素，如此高职院校人才培养的质量势必会不断提升。

（六）人才创新、技术、技能同步发展，树立高职学生全面发展教育理念

从当今时代社会对技术型人才的总体需求出发，不仅要求具备完善的专业知识和专业技能，更要求人才要兼具较强的职业能力、职业素养、创新能力、综合应用能力，达到人才招之即来、来之能用、用之呈现较为理想的效果，这正是高素质技术技能型人才具体的能力与素质体现，更是对高技能人才的明确定义。为此，高职院校在走校企合作办学道路中，教育理念必须立足学生的全面发展，确保学生知识、技能、能力、素养的全面培养，实现自身全面发展的同时，能够应对时代发展所提出的一切挑战。这恰恰是高职院校与合作企业之间真正实现可持续发展，并始终保持又好又快发展姿态不可缺少的条件，带动我国社会经济的长足发展。

（七）有效扩充合作主体，明确各自职能、责任、义务

就当前高职校企合作的总体效果而言，很多高职院校不再只将企业与政府作为合作的对象选择，从中还增加了科研机构和生产基地，并且明确自身和政府所要发挥的职能、承担的责任、履行的义务，还明确为校企合作提供最新科研成果、生产基地为学生提供科研成果实践场地两项基本职能，并且将其相关的责任与义务做出了明确的规定，确保学校、企业、政府、科研机构、生产基地"五位一体"，以协同共进姿态促进高职学生知识、技能、能力、素养的全方位发展。这显然是全面提升高职校企合作模式整体水平的有力抓手，并且能够满足合作主体之间的利益需求，确保社会经济实现可持续和又好又快发展的同时，让高职院校人才培养的整体质量实现跃升。

（八）以运行机制、保障机制、评估机制、监管机制为中心，打造具有创新性的高职校企合作长效机制

就高职校企合作办学模式构建与运行达到高质量要求的必然条件而言，全面打造各项机制显然是至关重要的条件。其中，运行机制、保障机制、评估机制、监管机制显然要作为体制机制构建的主体，普遍做到高度的创新则意味着高职校企合作体制机制的创新发展，高职校企合作模式人才培养的总体质量也随之

得到全面提升。其中，运行机制主要是指校企合作的运行系统，是决定校企合作办学活动行为内外因素和相互关系的总称，其创新性主要体现颠覆固有的高职校企合作办学模式所涉及的因素，丰富各要素之间的内在联系。保障机制主要在于为高职校企合作办学模式顺利运行提供保障因素的总称，包括资金保障、资源保障、政策支持等。评估机制主要针对高职校企合作办学模式的运行过程与结果进行质量评估，客观反映现状与问题的同时，更能提出具有建设性的意见与建议。监管机制主要体现在校企合作办学模式运行过程中的全方位监督与管理，确保各个环节实施力度和实施效果达到最大化。在上述机制共同作用之下，高职校企合作体制机制的创新性必然得到全面提升，高职人才培养的总体效果势必会趋于理想化。

综合本节所论述的观点不难发现，在全面增加高职校企合作深度的道路中，学校、合作企业、政府等相关部门和机构之间还有很长的路要走，各自要发挥的职能，履行的责任与义务更加明确。由此可见，在中国特色社会主义现代化国家建设新征程中，高职校企合作办学模式的未来发展仍然是一项极为系统的工程。笔者在下一章就以本章所阐述的观点为基础，针对高职校企合作体制机制的改革与创新做出系统论述。

第六章

高职校企合作体制机制的改革与创新

从高职校企合作体制机制的构建层面出发，学校的行业背景、政府的鼎力支持、高质量企业通力合作是高职校企合作体制机制形成的三个核心要素，彼此之间发挥的职能、承担的责任、履行的义务具有一定的耦合性，缺一不可。面对当今时代发展，高职院校人才培养要确保上述三个核心要素能够稳定发挥作用和体现出应有的价值，并且最终达到作用与价值的最大化，自然要在高职校企合作体制机制方面不断进行改革，不断谋求创新视野。本章笔者就以此为立足点，就其改革思路和创新实践两部分做出系统阐述。

第一节 高职校企合作体制机制的改革思路

高职校企合作体制机制的作用角度出发，是全面推进我国职业教育面向高品质发展的动力条件，是我国社会经济发展道路始终处于可持续和又好又快发展状态的根本保证。再从高职校企合作体制机制的价值层面看，更加突出我国职业教育发展面向时代发展最根本的要求，面向实现人才的全面发展最终目标。基于当今时代社会经济发展大背景，以及技能型人才需求的大形势，高品质高素质技术技能型人才的培养无疑是高职校企合作办学模式发展的新方向，因此高职校企合作体制机制必须进行深度改革。其中，明确侧重点的同时，还要找到实现的路径。

一、高职校企合作体制机制改革的侧重点

结合当今时代社会用人的大趋势，高质量的高素质技术技能型人才已经成为社会热门，不仅行业内部普遍存在较大的缺口，社会未来发展道路中也急需大量储备该类型技术人才。对此，更深层次开展高职校企之间的合作，就成为当今高职校企合作办学模式构建与发展必须关注的焦点，高职校企合作体制机制改革

显然要紧跟时代发展新要求，高度明确改革的侧重点更是实现有效改革的重要前提，侧重点具体如下。

(一) 校企间合作模式的与时俱进

高职校企合作办学模式必须伴随时代的发展而不断进步，最为根本的表现就是模式本身具有与时俱进色彩，这显然是体制机制改革的宏观体现，更是校企合作办学模式呈现时代品质的有力说明。与时俱进主要表现在以下三个方面。

1."共享"与"共赢"是基础

从高职校企合作办学模式的基本特征来看，资源的"共享"是最为明显的特征，"共赢"是最终的追求所在。然而特点的鲜明和追求的实现都必须要有基本前提，只有具备前提条件才能保证互利共赢局面的可持续。最基本的前提条件显然就是学校和企业双方心往一处想、劲往一处使、共同去经营，校企合作办学模式更为系统化、人才培养的质量实现最优化、人才满足社会需求达到最大化。

2."双元育人"作为基本理念

2019年，国务院印发并大力推行《国家职业教育改革实施方案》，该方案中已经明确指出要结合"双元制"等职业教育模式，走学校与企业共同制定高职院校人才培养方案的模式，并且将新技术、新工艺、新规范纳入高职院校人才培养模式之中，并且在规定的时间内共同进行人才培养质量的评估。这就是"双元育人理念"的根本内涵，同时也是当前我国高等职业教育最新的人才培养模式，更是高职校企合作模式进一步升级的具体表现。

3.学术研讨与实证应作为重要补充

就教育发展和人才培养质量而言，需要进行的学术性研究与探讨的内容很多，"如何不断提高人才培养质量""如何实现教育从发展走向新的发展"等都是学术研究的主要对象所在，将其转化为现实必须经过反复的学术性探索，并通过实证过程方可寻求一条可行性极高、效果极为明显的发展之路。对此，在当今乃至未来时代发展大背景下，高职校企合作办学模式必须增加学校与企业之间的学术研讨活动，以及实证研究活动，进而确保高职校企合作体制机制构建与调整的科学性、系统性、及时性，加快校企合作办学模式品质化发展进程。

(二) 企业在高职院校课程设置与教材研究的参与力度进一步加强

从当前现行的高职校企合作模式出发，企业参与人才培养的任务极为明确，主要包括两个方面：第一，向合作高职院校提供专业实践场地，有效开展职业能力培训工作。第二，向合作高职院校委派一线工作人员，组织进行技能指导工作。在高职校企合作模式的运行过程中，企业要全程参与人才培养过程，课程设置和教材研究显然是重要环节所在，虽然企业有所参与，会提供一定的建议或意见，然而参与力度仍需进一步加强，具体操作需要从三方面入手。

1. 积极参与高职院校专业课程校本教材编写

高职院校在谋求可持续发展的道路上，都在探索学科特色课程的建设之路，并以此为契机立足校企合作模式实现高质量高素质技术技能型人才培养。在此过程中，校本课程教材的编写工作显然要放在首位，以此方可确保实现上述目标能够拥有极为理想的依托条件。在此期间，具体操作如图6-1所示。

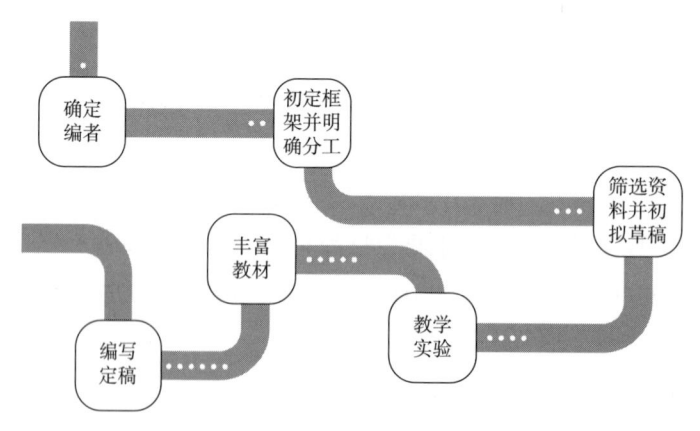

图6-1 高职院校专业课程校本教材编写流程

如图6-1所示，高职院校专业课程校本教材的编写过程较为系统，所以在校企合作办学模式的运行过程中，企业参与专业课程校本教材的编写工作应立足全程性。在确定编者方面，要做到在校专业教师与企业一线工作人员同为主体，在初定框架的过程中，要针对学生日常学习情况密切沟通，确保框架内容既能丰富学生知识与技能结构，又能满足行业在人才职业能力与职业素养方面的用人需要。此后，在校教师和企业一线工作人员要各自明确具体的任务分工，积极筛选教材编写过程中适用的材料，确定教材编写的初稿。最后，共同通过教学实验过程与成果，全面丰富教材内容，完成校本教材的编写工作，让高职院校学科专业课程更加具有特色，校企合作办学模式整体质量的提升能够得到更加清晰的体现。

2.积极参与高职院校专业课程设置

课程设置的科学性与合理性必然会影响学生知识结构、技能结构、能力结构和综合素养的构建效果，所以科学合理的课程设置是学校全面提高教学质量必须关注的重点所在。在高职校企合作办学模式的高质量运行过程中，有效进行专业课程设置也要将其视为重中之重，合作企业的全程参与自然势在必行。在这里，企业必须做到两个方面：第一，强调专业理论课程与专业实践课程的步调统一。第二，交叉学科课程的设置应引起高度重视。前者自然是确保高职专业课程理论联系实际，强化学生理论知识在专业实践活动中形成全面内化的有力保证，而后者则是扩展学生知识与技能培养范围，促进学生专业知识与技能创新的有利条件。

3.积极参与高职院校专业课程教学形式的研究

在校企合作办学模式不断深化的背景之下，课程教学开展形式的多样化显然是人才培养提质增效的又一有力抓手所在，教学活动开展形式较为丰富，并且新颖程度能够得到全面保障必然会增加学生专业知识和专业技能学习的兴趣，同时还能为学生增强创新能力、职业能力、职业素养起到积极的推动作用。其中，合作企业要根据日常生产与经营所积累的经验，将具有代表性和趣味性课程教学组织形式融入理论教学和实践指导活动之中，开发出新颖并且具有简单、易操作特点的课程教学新形式，达到不断提升高职学生专业课程学习积极性的目的。

（三）政府干预力度的进一步加大

政府干预无疑是进一步彰显在高职校企合作办学模式优化与发展中主导作用的直接方式，但在干预时机和干预力度上，要做到合理把握。另外，在干预深度上，还要做到深层次干预，由此方可确保主导校企合作模式发展方向的效果达到最大化，进而为高职校企合作体制机制改革效果切实体现提供强大的政府支持力。

1.保持刚性的同时要注意合理把控干预力度

政府刚性干预并不是绝对的硬性干预，是指在高职校企合作过程中，发现存在薄弱环节要以不能改变或通融的姿态进行及时干预，但由于政府作为高职校企合作模式运作过程中的又一主体，所以在刚性干预的过程中，还要注意合理把握干预力度，强调刚柔并济的原则，既要让校企双方在协同合作中能够意识到某一环节的重要性，更要将合理的意见与建议传递给校企双方，确保二者之间的合作过程真正实现"你中有我，我中有你"。例如，在专业课程校本教材的编写过程中，要以客观的姿态帮助合作企业意识到全程参与是实现互利共赢目标的重要组成部分，更要将参与的方案和建议与企业、学校共享，最终达成极具可行性的共识，进而为校企合作研发专业课程校本教材，提高课程教学整体品质提供了有力保证。

2.政府主导作用应得到最大程度体现

政府刚性干预高职校企合作，并非只提出要求和下达具体的任务，更重要的还是向高职院校和合作企业提出具有可行性的措施与方案。其间，结合其他区域企业与高职院校协同合作所取得的成果，将可参考的经验校企双方全面分享，从中找出既能与本地区经济发展的特色相适应，又能促进校企合作深度进一步增加的切入点，进而彰显政府在不同发展时期在高职校企合作办学模式构建与运行中的主导作用。

3.干预过程必须做到深层干预

明确干预方向不意味着干预的目的就已经达到，更重要的是干预深度，要做到深入挖掘，确保校企双方能意识到通力合作培养人才的实质究竟是什么，应该在哪些方面保持合作，同时合作的流程和方法又是什么。这样校企合作的协同性才能不断提高，真正实现"牵一发、动全身"，故而彼此之间都会始终为同一目标谨慎考虑人才培养思路、方案、措施的可行性。最后，政府深层次干预的过程还要为之提供充足的支持条件，具体表现就是资金、资源供给、税收补贴等相关政策的支持，让校企之间深度合作能够拥有更为理想的政策大环境以及更为广阔的空间。

二、高职校企合作体制机制改革的实现路径

高职校企合作体制机制改革工作的全面开展并非易事，但依然有明确的侧重点可抓，牢牢把握住侧重点并将其深入落实，就能将其转变为现实。其实现过程有三个要素必不可少，具体如表6-1所示。

表6-1 高职校企合作体制机制改革实现要素列表

实现要素	要素介绍
中心点要高度明确	"相互"与"双向"始终保持高度并行
合作方式的转型升级	突出合作企业与高职院校的作用最大化
政府干预方式的合理化	强调以客观依据增强干预方式的合理性

（一）校企合作模式以"相互"和"双向"为中心

在之前的观点阐述中，已经明确指出高职校企合作体制机制改革的首要侧重点在于校企间的合作模式要始终保持与时俱进，"互利共赢"要作为最根本的初衷，以此为中心确立起适合时代发展和社会用人需求的校企合作体制机制。在此期间，校企合作模式就必须做到以"相互"和"双向"两个关键词为中心，具体操作则要从三方面入手。

1.明确"相互"的深层意义

从定义角度出发，"相互"是指共同、一起、彼此，但从高职校企合作模式出发，"相互"则有着更深层次的意义，即"协同"。其原因在于高职校企合作人才培养模式的运行过程是一项极为系统的工程，任何环节不能实现有效衔接，都会导致运行过程其他环节遇到阻碍，进而严重影响人才培养的整体质量。对此，在实现高职校企合作体制机制改革效果最大化的过程中，高职院校必须深刻意识到"相互"的深层意义，进而校企合作模式高效率运行能够拥有最为基础的保证。

2.确定"双向"的深层内涵

在高职校企合作办学模式中，"双向"是指合作的"双向通道"，合作强调彼此性，相互都要有对等的投入和对等的回报，由此方可呈现出更为理想的校企合作共赢局面。企业的投入主要体现在先进生产设备与场地、先进的生产技术和材料、先进的经营理念、富有工作经验的一线员工或科研人员、研究的科研项目等。高职院校的投入主要体现在向合作企业输送大批高质量高素质技术技能型人才，回报则是极高的成功就业率，确保高职院校在未来发展道路中的可持续性。另外，地方各级政府的投入与回报也会保持相互对等，为地方营造极为理想的行业发展环境，确保地方产业和经济发展实现又好又快。

3."相互"与"双向"的深度融合

在明确校企合作模式中"相互"与"双向"的深层意义与内涵的基础上，随之就要针对如何将其做到深入融合，让协同和双向对等地投入，以及对等的回报能够得到充分体现加以高度明确。笔者认为，最有效也是最直接的方式主要体现在两方面：第一，政府的刚性介入和柔性主导相并存。刚性介入强调政府干预的态度，并不是干预的过程，其过程要以协调校企之间的关系，审时度势不断提出具有指导性的意见和建设性的建议，并加大在资金和物资方面的政策支持，以及人力资源方面的引荐力度，确保高职校企合作能够形成一个极为理想的良性发展循环。第二，校企投入的共同性与协作的相互性并行。高职院校与企业之间要做到各个方面保持相互的协同性，无论是在资源建设方面，还是在成果产出方面，都要始终保持高度的协作关系，力求高职校企合作办学模式运行过程与运行成果的高质量。

（二）以合作方式的转型升级调动企业合作积极性与主动性

在高职校企合作体制机制改革中，要将企业参与高职院校专业课程设置和教材研发作为基本侧重点。但该侧重的具体落实必须先做到转型升级校企合作方式，由此方可调动合作企业参与校企合作的积极性与主动性，进而企业积极参与高职院校专业课程设置和教材研发自然顺理成章，具体操作体现在三个方面。

1."技术推广"与"岗位承包"相结合的合作方式

在高职校企合作办学模式中，所谓的"技术推广"是指企业提供先进设备，以学校教师为主体进行新技术、新工艺、新材料方面的培训。"岗位承包"则是学校拥有企业生产线的使用权，并且企业有义务为"上岗"学生提供具有专业性的指导，让学生在实践中不仅强化专业技能，同时还能感受到真实的职业环境和岗位用人标准，全面提高学生职业能力、职业素养、创新能力，将两种校企合作方式相结合，必会加快高职高素质技术技能型人才质量提升步伐。最后，以此为契机，积极组织在校专业理论课教师与专项技能指导人员，开发出具有特色的专业课程校本教材，让学生知识与技能、能力与素养的培育拥有更为理想的信息源。

2."双百工程"的全面建设与落实

在校企合作模式中的"双百工程"，其实质就是百名企业家、一线工作人员进入高职校园，百名高职院校专业课教师进入知名企业。达到不断强化合作企业一线员工专业理论基础，以及高职院校专业教师专业实践能力的同时，确保校企双方人力资源职业能力得到全方位提升的同时，促进高职院校学生知识与技能、能力与素质迈向职业化高度。建立起一套完整的专业课程设置原则与方案，让提升高职院校人才培养的整体质量成为现实，最终必然会推动高职校企合作模式达到新高度。

3.校企合作培训与研发活动的全面开展

在高职校企合作模式中，"业务培训"是合作范畴中的一项重要内容，是全面促进企业一线员工健全专业理论知识体系，推动高职院校专业教师实践能力的"利器"。在此期间，要做到校企双方积极开展学术探讨、学术研究、项目研发活动，力求在校专业理论教师和专业技能指导人员业务素质得到全方面提升，如理论教学形式多样化和专业技能指导形式多样化等，为高职学生理论知识和技能培训实现全面化打造强理想的"软件条件"。

（三）政府干预的方式要不断寻求转变

政府干预是确保高职校企合作办学模式始终保持理想状态的根本要素，切合时宜地采取合理的干预方式，显然是促进高职校企合作办学质量的重要推手。对此，在高职校企合作体制机制改革道路中，达到理想的预期目标就需要政府干预的方式不断寻求转变。

1.在合作企业投入中的干预方式

合作企业作为高职校企合作中的主体，是高职学生职业能力全面培养的施教主体，全力投入是保证高职院校高质量人才大量产出的关键所在，所以政府在合作企业投入中的干预方式体现为两种：第一种，在全方位的监督工作中加以干预；第二种，结合质量评估结果进行干预。前者主要针对质量监督工作中反映出的现状，提出可行性的建议或意见，合作企业必须采纳。后者主要针对合作企业投入过程中的质量评估结果，根据评价结果中提出的建议，向合作企业加以及时的信息反馈，并向其大力推送理想的优化和改革方案。

2.在高职院校投入中的干预方式

高职院校作为校企合作模式最基本的构成部分，高职院校的投入力度和投入方式必然会直接影响到校企合作模式的运行效果，最终直接作用于高职人才培养的总体质量。为此，政府在高职院校投入过程中加以有效干预的方法可以体现在质量监督阶段和质量评估阶段，力求最大程度引导高职院校在资金、物资、人力资源投入的方式与方法始终保持理想，引导高职校企合作始终处于良性发展状态。

纵观本节所论述的观点，可以看出在高职校企合作体制机制的改革中，虽然侧重点在学校、企业、政府三个方面，但以企业和政府两个主体最为突出，企业要强调加强与学校之间的合作，全程化和全方位地参与专业课程教材的编写工作，政府则要加大干预力度，并且做到干预实际和干预层次的进一步加深，这样才能实现高职校企合作体制机制改革成效进一步突显，让高职校企合作体制机制的创新拥有更为明显的立足点，并最终实现其体制机制的全面创新。

第二节 高职校企合作体制机制的创新

在前文中，笔者已经针对高职校企合作体制机制改革的总体思路进行了系统阐述，但如何才能实现该体制机制在实践中保持高度的创新性这一问题随之而来，将其加以有效解决方可实现高职校企合作模式真正做到深度合作。为此，笔者在本节中就在确立根本立足点的基础上，将高职校企合作体制机制创新的实现路径做出系统阐述，具体如下。

一、实现高职校企合作体制机制创新的根本立足点

由于校企合作平台体制机制创新实现是一项极为系统性的工程，涉及的因素众多，所以将其转化成为现实必须明确最为根本的立足点，由此方可确保该体制机制构建的质量达到最优化。在这里，从体制机制创新的目标、体制机制的内容范围、体制机制运行的过程三个方面做出明确的阐述，具体如图6-2所示。

高职校企合作体制机制创新根本立足点
① 高职校企合作体制机制创新的目标
② 高职校企合作体制机制的内容范围
③ 高职校企合作体制机制运行的过程

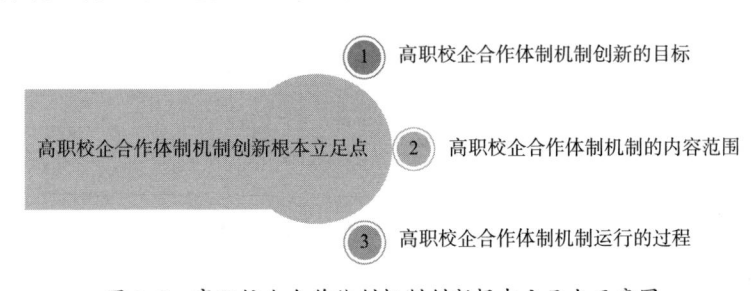

图6-2 高职校企合作体制机制创新根本立足点示意图

（一）体制机制创新的目标要以互利共赢为中心

从创新机制从无到有的过程，以及有效运行的必然前提出发，目标的确立无

疑是最基本也是最重要的前提条件，所以在高职校企合作平台创新机制的实现过程中，必须将确立其运行目标作为根本立足点之一，"互利共赢"显然是目标的中心所在，无论是在当前现有的政策大环境上，还是在企业用人需求和高职院校人才培养的新取向上，都能够充分解释这一观点。

1.政府已经为高职校企合作体制机制的创新提供了理想政策环境

随着新时代中国特色社会主义现代化国家建设新征程的全面开启，创新技术技能型人才培养和工匠型人才的全面培养已经成为高职院校未来发展的新方向，校企合作模式的完善与创新显然要有一套明确的体制机制作为保障。特别是在最近十几年内，各级政府都在政策方面不断进行深化改革，由此不仅能够体现出高职校企合作人才培养模式发展的历程，更能充分展现未来校企合作模式构建攻坚与发展的总体方向。以杭州市高职校企合作政策环境为例，能够将笔者的这一观点客观呈现，政策环境的基本概括如表6-2所示。

表6-2 杭州市高职校企合作政策环境概括表

序号	政策出台年份	政策名称	政策内容
1	2005	《国务院关于大力发展职业教育的决定》	扩大职业教育规模，将科学发展观作为高等职业院校发展的根本理念，强调技能型人才培养，实现科教兴国和人才强国两项战略目标
2	2014	《杭州市属高校产学对接工作实施意见》	强调高职校企合作工作机构的高度完善，强调产学信息的全面对接，打造以产业发展为中心的产学合作组织
3	2014	《国务院关于加快发展现代职业教育的决定》	适应发展需求、产教深度融合、中职高职衔接、职业教育与普通教育相互沟通作为高职院校人才培养的根本任务，也是适应新时代发展的根本要求
4	2015	《浙江省人民政府关于加快发展现代职业教育的实施意见》	产教深度融合、校企深度合作为根本任务，强化职业院校双师型教师队伍建设，打造完善的教育体制，力求行业、企业、学校高度明确共同责任
5	2018	《职业学校校企合作促进办法》	明确校企合作和产教融合作为我国高职院校办学的基本模式，建立制度框架并强调各部委为之提供一切保障条件
6	2021	《杭州市深化职业教育改革实施方案》	职业教育是教育改革不断深化的重要突破口，建设高标准职业院校，打造高水平产教融合人才培养模式，高质量服务社会经济发展作为该政策的根本目标

通过表6-2对杭州市高职校企合作政策环境的基本概括，不难发现从国家到地方都在高职教育发展方面提出了具体发展要求。其间，最为核心的要求就是不

断加强校企合作和产教融合的深度，强调组织体制的完善性，以及校企合作机制的创新性，这显然为新时代高职校企合作体制机制建设与实践的创新提供了极为有力的政策支撑条件，并且也为其实现永续创新指明了方向，确保互利共赢成为新时代高职校企合作平台创新机制实现的根本立足点。

2.企业高素质技术技能型人才的需求量不断增大

由于企业作为高职校企合作的主体之一，是确保高素质技术技能型人才培养总体质量的关键因素所在。因此，在当代高职校企合作体制机制创新中，必须更加突出企业本身所要发挥的作用和价值的体现。具体而言，就是要让企业能够深刻感知高素质技术技能型人才的需求量不断增大现实情况下，高职校企合作模式的高质量运行能够解决其燃眉之急，进而调动企业成为该模式创新发展和有效运行中的主动性，提高企业严格履行自身责任与义务，增加校企合作投入力量的自主性，由此方可实现校企双方的互利共赢，彰显出高职校企合作体制机制创新的时代作用和意义。

3."工匠型"人才培养已经成为高职院校人才培养新取向

从当前社会发展背景下的人才需求状况出发，具备高度创新精神的高水平技能型人才已经成为社会需求的大方向，该类型的人才通常也被当今时代称为"工匠型"人才。由于该类型技术人才缺口较大，所以高职院校应将其视为人才培养的主要方向，更是未来高职教育发展的根本动力所在。为此，高职院校在人才培养模式的构建与完善中，校企合作的深度应做到进一步增加，强调教师队伍建设面向"工匠化"发展方向的同时，更要做到校企合作的体制能够为其提供强有力的保证，各方充分体现其职能作用的同时，还要高质量履行各自的责任与义务，由此方可确保高职院校人才培养的取向始终与我国时代发展的大方向高度一致，始终与新时代社会用人需求高度统一。

（二）高职校企合作体制机制创新的内容范围必须始终围绕"深度合作"

从高职校企合作体制机制的构成的基本条件出发，内容是否明确显然直接影响该体制机制的创新性能否得到充分体现。立足当今高职院校人才培养道路中，校企合作模式所要面对的严峻挑战，"深度合作"显然是该体制机制创新内容的核心，涉猎范围必须充分体现出促进学校与企业之间的深度合作，具体主要包括以下三个方面。

1.校企合作组织机构职能方面

高职校企合作体制机制创新的实践过程中,真正实现"深度合作"既需要有完整的前提条件作为支撑,又要有充足的保障条件作为保证。其中,完整的前提条件就是组织机构全面发挥其职能。具体在于三个方面:第一,协调各方事务,梳理各方关系。第二,有效进行各方利益协商,高质量完成矛盾的化解。第三,统筹校企合作发展,实现校企合作共赢最终目标。针对这三个方面的职能,最直观的体现就是"服务"和"协同组织"两个层面,因此这也是创新机制的内容范围必须始终围绕"深度合作"首要关键点所在。

2.岗位职责方面

高职校企合作体制机制创新过程中所涉猎的内容范围较广,学校与企业之间的岗位职责无疑是重要内容之一,直接关乎校企之间能否实现深度合作。在学校方面,所要履行的岗位职责应涵盖组织和协调与合作企业之间的各项事务,共同协定校企合作管理办法,并且做到与各级政府、企事业单位、社会团体或组织、行业协会之间的沟通,不断拓宽校企合作之路。另外,要强调各岗位工作责任到人,确保校企双方能够呈现协同开展课程体系的构建、教师队伍建设、教材编写、科学研究、人才培养质量评价工作的局面。在企业方面,所要履行的岗位职责应包括组织和协调与合作院校之间的各项事务,参与校企合作管理制度的制定、课程体系建设与优化、教材的编写、学校科研项目的研究,以及人才培养质量的评价等工作,力求高职学生专业知识、专业技能、职业能力、职业素养的全面发展。

3.相关规章制度方面

要注重企业在校企合作全过程中地位的不断提升,让企业本身的主导地位能够得到充分展现,成为高质量高素质技术技能型人才培养的驱动力之一。另外,政府也要充分发挥高职校企合作的主导作用,用政策调节等手段加强学校与企业之间保持积极而有深度的合作,让学生能够拥有极为理想的职业能力培养空间。最后,更要强调根据相关政策法规,建立校企双方在责任与义务履行方面的规章制度,并且在校企合作组织机构内部还要有完善的监督评价制度作为保证,确保校企双方的合作过程都能有法可依、有据可查,确保各自利益能够实现最大化。

（三）体制机制创新的实践过程要突出校企协同

体制机制创新的实践过程能否达到甚至超出预期目标，关键体现在学校、企业、政府三方能否做到各自充分履行自己的职能与职责，故而校企协同就成为该体制机制创新的实践过程关键所在，如何将各自的职能与职责充分发挥出来，下文中笔者就有针对性地做出阐述。

1.学校应作为体制机制创新实践过程的主体

高职校企合作体制机制创新的实践过程中，学校永远要作为该体制机制创新的主体所在，原因在于高职院校作为我国高素质技术技能型人才和工匠型人才培养的主要摇篮，并非企业，所以在校企合作人才培养的全过程中，学校必须发挥主体作用，该体制机制创新的实践过程更是如此。其间，具体表现在两个方面：第一，主动寻求合作对象，建立合作关系。第二，主动建校企合作机构，并完善其相关职能、职责、规章制度。前者作为实现校企合作的根本前提，后者则是校企合作实现高品质的重要保障条件。

2.企业要全面履行自己的职能与职责

企业之所以作为高职校企合作体制机制创新实践过程中的主体，最根本的原因就是在高职院校人才培养道路中，定位极为明确、作用至关重要、价值体现极为明显。对此，在高职校企合作体制机制创新实践过程中，必须做到高质量地履行企业本身的职能与职责。其中，企业职能方面，要肩负起为高职学生提供培养职业能力的重任，并且在学生该项能力培养过程中，应高度关注其方方面面，让协同参与、监督与评价等职能得到充分体现。企业职责方面，要在职业培训的场地开发、专业设备与设施的引进与共享、一线工作人员和科研人员的驻派等多个方面不断加强，与高职院校协同开展课程建设、教师队伍建设、教材编写、科学研究工作，力求人才培养质量达到最佳。

3.政府的协同作用不可忽视

政府作为协调企业与高职院校增加合作深度，确保高素质技术技能型人才培养质量不断提升的关键力量，所以在高职校企合作体制机制创新实践过程中，政府自身的协同作用必须放在重要位置。其中，既要体现出政府在政策方面所提供的支持作用达到最大化，同时还要协调企业与高职院校之间的责任与义务履行的过程。除此之外，还要发挥出放眼时代发展、研判未来、引领企业与高职院校未

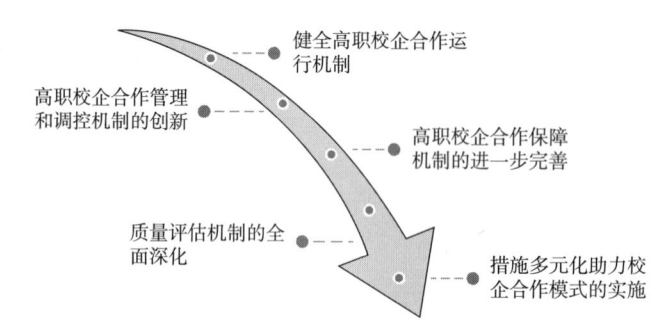

来发展的作用，确保高职校企合作体制机制创新实践过程始终保持健康化和高效化状态，确保高职人才能够成为企业未来发展的核心动力，企业能够成为铸就高职人才未来梦想的重要力量。

二、高职校企合作体制机制创新的实现

在上文中，笔者已经针对高职校企合作体制机制创新的根本立足点做出了系统阐述，但如何才能做到根据立足点将其转化成为现实，就成为广大学者以及相关工作人员随之深入思考的问题。在这里，笔者就根据根本立足点，将实现高职校企合作体制机制创新的具体操作加以阐述，以此来达成高职校企合作体制机制创新的最终目标，具体如图6-3所示。

图6-3　高职校企合作体制机制创新实现路径

通过图6-3所呈现出的高职校企合作体制机制创新实现路径，不难发现真正将其转化为现实是一项极为系统的工程，每一环节都要做到高度细化，由此方可确保其目标的实现。对此，接下来笔者就针对上述五个环节，将其实践操作加以进一步细化。

（一）健全高职校企合作运行机制

运行机制作为高职校企合作体制机制之本，是校企合作模式得以有效运行的动力所在，固然要放在体制机制构建过程中的首位。基于此，这也意味着在高职校企合作体制机制创新过程中，必须将运行机制的创新放在第一位。在这里，笔者认为主要关注的视角应体现在健全运行机制，具体操作如下。

1.打造校企政三方互利共赢的动力机制

"互利共赢"作为高职校企合作办学模式运行的根本初衷，也是最终目标所

在，具体表现在三个维度：政府方面，要确保高职高素质技术技能型人才全面推进行业发展，推动地方经济发展步伐的不断加快。学校方面，要确保高质量高素质技术技能型人才的全面培养，并最大程度实现人才服务社会经济发展。合作企业方面，能够助力合作高职院校优秀人才全方位培养，实现人才的有效吸纳，提高企业在行业内部核心竞争力的同时，推动社会经济的又好又快发展。这显然是当今高职校企合作体制机制创新中，实现健全运行机制的第一步，也是校企合作模式运行始终保持可持续的关键条件所在。

2.外部动力条件的深层次挖掘

所谓的"外部动力条件"，其实质就是确保高职校企合作办学模式顺利运行的外部条件，所以在实现高职校企合作体制机制创新过程中，深层次挖掘外部动力条件就成为关键一环。其中，主要包括相关政策法规、约束管理细则、调动合作企业参与积极性、拓展合作企业选择范围等，这些显然都是高职校企合作办学模式高效运行始终保持强劲动力的有利条件，也是高职校企合作运行机制进一步完善的主要着眼点，实现高职校企合作体制机制创新显然要加以高度重视。

（二）高职校企合作管理和调控机制的创新

从职能层面而言，高职校企合作模式的运行过程中，各项职能的充分发挥显然是运行过程保持有条不紊的关键所在，故而也是校企合作体制机制构建过程中，管理机制和协调机制作为必不可少的两项内部机制。这也意味着在实现高职校企合作体制机制创新的道路中，管理机制和协调机制的创新必须提起高度重视。

1.校企合作管理程序的系统化构建

从管理学角度分析，"管理"的核心是人，而并非从事的某项活动。高职校企合作模式的运行过程也是如此，管理工作的核心显然是学校和企业两个主体，要通过有效的手段来调动二者的主动性，确保学校和企业能够真正"心往一处想，劲往一处使"。其间，需要彼此之间进行有效的信息沟通，做到有效协调各种关系。对此，在合适的时间采用合理化的手段实现信息沟通和协调各种关系显然就成为重中之重。具体操作主要体现在信息公开、组织关系的协调、校企合作组织机构内部成员关系协调等，为高职校企合作办学模式顺畅运转提供外在保障条件。

2.依托校企合作具体情况及时做出课程改革

高职校企合作模式运行过程中,最为关键的一环就是学校与企业之间在课程方面保持相互协同,确保课程设置、课程教学计划、课程教学原则、课程教学标准、课程教学设计适用于当今时代高职院校全体学生,为其实现全面发展提供强有力的保证。基于此,学校与企业之间必须保持相互协同,结合课程教学的实际情况,就其现状加以客观分析,明确现状产生的原因,并从中找到校企合作的新立足点,从而针对课程建设层面不断进行改革与深化,进而确保课程教学过程与成果始终满足行业发展和社会进步所提出的新要求。

3.立足校企沟通促进合作项目的开展

毋庸置疑,沟通是组织或个人全面提高工作效率最为直接的途径,高职校企合作模式高效率运行故此不可缺少有效沟通的过程。其间,学校与企业之间保持高效的沟通过程显然至关重要。沟通的内容既要包括课程进度方面,确保学校课堂教学进程与企业专业技能指导工作进程相一致,又要包括信息对称性方面,确保校企之间人才培养的信息能够保证公开的全面性与及时性,力保在时代大环境下高职高素质技术技能型人才培养的质量达到最佳,确保高职院校、企业、行业、社会发展的可持续性,并始终保持又好又快发展姿态。

(三)高职校企合作保障机制的进一步完善

保障机制作为高职校企合作体制机制构成的重要因素之一,能够为其正常运行提供强大的外在保障力,所以实现高职校企合作体制机制创新的道路中,必须将保障机制的进一步完善放在重要位置,具体操作应以管理规范的健全化、主体职能与责任的明确化、薪酬管理的科学化为主要视角。

1.立足校企双方健全校企合作管理规范

从过程与结果的角度分析,高职校企合作模式的有序运行单纯依靠某一方付出努力显然不足以支撑全局,必须保持双方高度协同配合的状态,人才培养的效果方可达到最佳。针对于此,如何保障校企双方在人才培养模式运行中始终保持协同状态就成为关键一环,规范化管理就成为解决这一问题的有效措施所在,而这也正是高职校企合作保障机制得到进一步完善,以及该模式体制机制实现创新的重要表现。管理规范制度的制定要校企共同参与,既要保证学校专业教学工作和德育工作深入开展，同时还要确保企业专业技能指导各项活动的有效运行，进而为高职校企合作人才培养模式始终保持有条不紊的运行状态提供外在保障条件。

2.明确校企合作模式各个主体的职能与责任

在高职校企合作模式运行过程中，学校、企业、政府同为主体，发挥的职能和承担的责任具有一定的耦合性，但不可否认的是，三主体所发挥的职能与承担的责任缺一不可。对此，在实现高职校企合作体制机制创新过程中，必须将各个主体的职能与责任做出进一步的明确。学校方面，要充分发挥管理职能和经营职能，要履行因材施教、实现学生全面发展的责任与义务。企业方面，要充分发挥服务与促进高素质技术技能型人才培养职能，为高职院校提供过硬的"硬件资源"和"软件资源"，其职责体现在有效开展学生专业技能和职业能力培养的实践指导，确保高职学生能够达到行业用人标准。政府方面，要充分发挥服务、监督、协调等多项职能，其责任在于确保校企双方各项工作的大力开展，并为其提供强有力的人力、物力、财力方面的政策支持。

3.确立校企双方合作中的薪酬管理方法

从高职校企合作人才培养模式的运行过程来看，在教师队伍建设的人才引进中，合作企业富有一线工作经验或科研经验的优秀人才会进入学校，成为学校教师队伍中的重要一员，提高学校"软件水平"的同时，发挥指导学生开展专业实践活动，提高学生专业技能和职业能力。对此，薪酬管理方法显然要区别于在校专业教师，另设一套薪酬管理方法。其中，工资待遇方面、绩效方面、学校特殊补贴方面都要高度明确，最大限度满足在校企业一线工作人员，或科研人员的期望，全面调动指导学生提高专业技能、职业能力、职业素养的积极性，帮助学生实现专业理论知识充分内化，真正实现学生兼具专业知识、专业技能、创新能力的同时，职业能力和职业素养高度兼备。

（四）质量评估机制的全面深化

由于质量评估工作的全面开展是高职校企合作模式构建与运行质量的根本保证，所以在高职校企合作体制机制创新过程中，必须强调质量评估工作的全面深化，由此让校企合作体制机制创新确保校企合作模式能够实现高质量的运行。其间，评价方式的多样化显然至关重要，具体如图6-4所示。

```
┌─────────────────────────┐
│ 学校及合作企业的内部评价 │
├─────────────────────────┤
│ 以政府为主体的奖惩机制   │
├─────────────────────────┤
│ 第三方机构的质量评估     │
└─────────────────────────┘
```

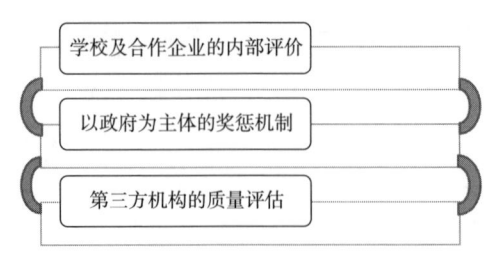

图6-4 高职校企合作质量评估机制基本构成

质量评估机制基本构成要素中每一要素的作用发挥都需要有强有力的支撑条件作为保证，笔者接下来就针对各个要素的具体运作做出明确阐述，力求质量评估机制能够为高职校企合作办学模式的高质量运行提供强有力的保证。

1.学校及合作企业的内部评价

高职校企合作质量评估机制运行过程中，最为基本也是最为关键的评估往往来自学校和企业双方，两者之间保持相互协同，针对人才培养的过程和培养的结果进行质量评价，力求为校企合作模式的不断优化提供最根本也是最直接的依据。其中，评价原则要体现出客观性、指导性、发展性、全面性四个特点，评价标准要以行业用人标准和学科专业人才培养标准为中心，评价方法要做到定性与定量相结合，评价指标既要涉及学生专业知识基础方面，又要涉及学生实操技能、创新能力、岗位适应能力、职业素养等多个方面，让高职校企合作人才培养模式运行的整体质量得到客观呈现，并从中获得调整、优化、改进的可行性建议。

2.打造以政府为主体的奖惩机制

奖惩机制的运作过程具有激励组织或个体激励实现快速提升的功能，同时也具有确保组织或个人规范从事有关活动的作用。面对当今我国社会经济又好又快发展的时代背景，高职院校人才培养显然要与时代经济发展的大背景相统一，将高素质技术技能型人才的全面培养视为根本目标，对此校企合作办学模式必须始终保持不断深化的状态，由此方可确保人才培养的质量不断提升。有效落实以政府为主体的奖惩机制自然是当务之急，既要明确奖惩原则和奖惩标准，同时又要明确奖惩措施，真正发挥出奖惩机制在高职校企合作办学模式高效运行中的正激励作用。

3.第三方评估的有效落实

高职校企合作第三方评估工作的具体开展，主要是指行业内部针对校企合作中对地方经济所带来的贡献，以及所发挥出的价值进行具体提评估，评估结果及时反馈至学校、合作企业、政府部门，用于三方协同调整实践方案，提升高职校企合作人才培养的质量，为实现校企之间深度合作，以及行业高品质发展提供更为客观的依据。

（五）措施多元化助力校企合作模式的实施

从高职校企合作体制机制创新的实践过程来看，措施的多元化显然为校企合作模式的全面实施，高职人才培养的效果必然会得到最直观的呈现，以校企合作组织机构的有效完善、校企深度融合、职业技能鉴定中心的建立三方面表现最为明显。

1.结合高职院校实际情况完善校企合作组织机构

组织机构的建立与完善是某项活动实现完美运作不可缺少的条件之一，其原因在于组织机构内部的构成因素能够发挥出具体的职能，并且认真履行其责任与任务，故此活动运作的效果能够更加趋于理想化。针对实现职校企合作体制机制创新的具体操作过程而言，成立并优化校企合作组织机构无疑是必然，组织机构内部结构不仅要包括学校和企业两个部分，更要包括政府部分，切实发挥出学校、企业、政府服务社会和全面提高学生综合素质的职能，并切实履行好企业社会责任与义务，力保校企合作模式真正成为社会经济始终保持又好又快发展的有力推手。

2.加速"校中厂"与"厂中校"局面的形成

高职校企合作的根本就是企业能够真正进入高职院校人才培养活动中，高职院校真正能够成为企业日常生产经营活动的重要组成部分，进而立足企业时代发展所面临的新挑战，及时调整人才培养方案，实现人才知识基础、创新能力、技能水平、技术水平实现全面提高。这一目标的最终实现需要学校、企业、政府之间做到相互协同，学校和企业之间为彼此提供便利条件的同时，政府还要从中加以协调并为之提供强有力的支持服务，由此方可加快"校中厂"与"厂中校"局面的形成速度，高职校企合作模式下的高素质技术技能型人才培养质量势必会随之大幅提升。

3.高职院校建立职业技能鉴定中心和培训机构

高职学生经历在校专业理论学习，以及专业实训和校外专业实践指导过程后，专业技能发展速度显然会有一定程度提升，并且效果也能够得到初步体现。对此，高职院校如何才能做到第一时间了解学生专业技能培养现状，以及在最短的时间内将其加以有针对性地提升，成立职业技能鉴定中心和培训机构显然是最直接的问题解决方式。在此期间，要求学校、企业、政府必须保持通力协作，让职业技能鉴定机构专业人员、企业优质的一线员工、学校高水平实训指导教师成为职业技能鉴定中心和培训机构的"软件条件"，并引进专业的职业技能鉴定设备和技能培训设备，确保作为职业技能鉴定中心和培训机构的"硬件水平"始终保持上乘。

第七章

高职校企合作体制机制创新的前景展望

职业教育作为我国教育体系中的重要组成部分，与普通教育之间存在明显的差别，具体表现就是职业技术、职业技能、职业能力培养作为学校日常教育教学工作的主要任务，是我国技术型人才培养的摇篮。随着党的十一届三中全会胜利召开，我国社会经济体制开启了全面深化改革之路，企业也随之迎来了前所未有的市场发展大环境，又好又快也成为企业发展所追求的目标。高职教育作为我国技术型人才培养的前沿阵地，随着时代的发展，高职院校要紧跟时代发展步伐，混合所有制随之出现，并且不断进行改革，高职产业学院相继出现，以此来满足社会对高素质技术技能型人才的广泛需求。其间，基于混合所有制的高职院校人才培养模式改革显然还有广阔的发展空间，以此为立足点探索高职校企合作体制机制创新将始终是广大学者以及高职教育工作者所关注的焦点，其前景自是不可限量。本章就高职校企合作双赢模式的发展、高技能人才发展、高职校企合作模式的发展三个方面做出论述，进一步明确其前景。

第一节 高职校企合作双赢模式探析

从当今我国社会发展的时代大背景角度出发，建设新时代中国特色社会主义现代化国家的新征程已经全面开启，高素质技术技能型人才的需求量无疑正在不断扩大，校企合作办学模式作为我国高等职业院校发展的根本出路，不断谋求创新发展自然成为关注的焦点所在。在上一章中，笔者已经针对高职校企合作体制机制的改革与创新进行了深入论述，那么如何确保校企合作双赢模式始终能够满足时代发展的需要，就成为必须深度思考的问题。在这里，明确高职校企合作双赢模式从无到有，从发展走向新发展的过程无疑至关重要，最终方可做到准确认知高职校企合作双赢模式未来发展的大趋势。

第七章　高职校企合作体制机制创新的前景展望

一、"校、企、政、研、用"五位一体

高职校企合作双赢模式由来已久，其最根本的雏形早已被广大学者，以及高等职业教育工作者所深知，就是"校、企、政"相协同，经过漫长的时间推移，时代的进步与不断发展逐步形成了"校、企、政、研、用"五位一体新局面，本阶段笔者就立足相关概念的解读，意义与价值的呈现，将"校、企、政、研、用"五位一体做出明确概述。

（一）相关概念解读

就时代发展和社会进步角度而言，行业内部关于技能型人才的引进不断提出新的要求，而这也向高职院校人才培养的过程释放出了新的信号，不仅要关注学生专业知识、专业技能、职业能力的培养，更要关注职业素养、创新能力、综合应用能力的全面发展，故而提出"校、企、政、研、用"五位一体的高职校企合作双赢模式。深入解读相关概念显然应放在首要位置。

1. "校、企、政"协同

"校、企、政"协同是高职校企合作双赢模式的雏形，也是该模式逐渐走向成熟化的基本象征。其中，强调政府在双赢模式中的主体地位，以及所要发挥的协调、服务、监督职能，肩负着统筹管理和提供一系列支撑作用两项重要任务。由此确保企业与高职院校之间有能力去加大人才培养的投入力度，更能让该双赢模式真正实现人才高质量培养拥有极为有利的外在保证，是进入新时代我国高职校企合作模式得到长足发展的重要象征。

2. "校、企、政、研"协同

"校、企、政、研"作为我国高职校企合作模式的进一步升级，是双赢模式更加成熟的一种直观体现。在上文中已经针对"校、企、政"协同概念进行了具体解读，增加"研"这一主体就说明新的科研成果要成为校企合作新构成，确保高职学生在学习形式上能够得到创新，同时在能力与素质的培养上得到进一步丰富，知识与技能的学习中能够实现进一步扩展，这无疑是全面提升我国高职院校人才培养质量的客观表现，更是高职校企合作双赢模式的一种升级。

3. "校、企、政、研、用"五位一体

"校、企、政、研、用"五位一体作为高职校企合作双赢模式的最高阶，其最突出的特点在于促进学生专业知识与技能、职业能力与素质的全面应用，进而形成五位一体的人才培养流程，具体如图7-1所示。

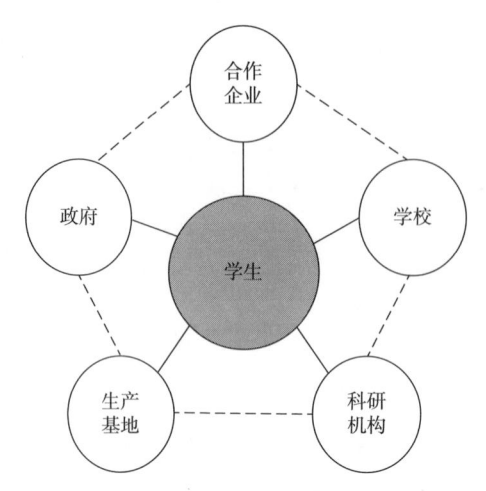

图7-1 "校、企、政、研、用"五位一体校企合作双赢模式运行图

如图7-1所示，五个要素都是在为高职学生服务，发挥的职能虽然各有不同，都有承担的职责与履行的义务，但是最终的目的却高度一致，都是要为学生实现专业知识、专业技能、职业能力、职业素养、创新能力的协同发展，而这正是"校、企、政、研、用"五位一体概念的深入解读。

（二）意义所在

"校、企、政、研、用"五位一体，作为今后高职校企合作办学模式实现双赢的必然之选，也可称为高职校企合作双赢模式的一种具体表达。该模式的运行其意义既体现在高职校企合作办学模式的深化层面，更能在高职人才培养质量上得到充分体现，具体如下。

1.进一步强调多方的协同运作

高职校企合作办学模式由来已久，在社会经济发展的不同阶段培育出了诸多技能新人才，其中工学结合、半工半读、政产学研是校企合作模式在社会经济发展不同阶段所孕育出的产物，最初强调学校与企业之间的相互协同运作，逐渐政府、科研机构、行业管理部门逐渐融入其中，最终形成了"校、企、政、研、用"五位一体校企合作办学新局面。在此期间，主体之间要保持高度的协同，运作流程要体现出共同配合，由此确保校企合作能够始终保持双赢的态势，这也正是"校、企、政、研、用"五位一体在高职校企合作办学模式中存在的意义。

2.进一步强调高职学生职业能力与素养的最大化

在五位一体校企合作新模式下,"企""研""用"三个主体是围绕学生提高专业技能、强化实操能力、适应岗位标准、了解并掌握新事物、增强专业实践能力而设置,这些能力显然都是学生必须具备的职业能力总称,也是学生全面加强职业素养不可缺少的元素所在。故此,在"校、企、政、研、用"五位一体的高职校企合作办学模式中,学生职业能力与素养最大化成为最为直观的表现,也是校企合作实现双赢必经之路。

3.进一步突出合作主体的多元化

从以往校企合作模式的运行过程来看,学校、企业、政府往往是主体构成的三要素,各自发挥的职能、肩负的职责、履行的义务各不相同,但其目的确实为实现高职人才培养质量的全面提升,切实达到高素质技术技能型人才培养的要求。但是,随着当今高新技术产业发展的日新月异,新技术、新工艺、新材料的研究与应用正在不断深化,这就意味高职人才的创新能力和实操能力显然要保持同步提升,科研机构、生产基地自然要纳入今后高职校企合作模式主体中,不仅体现出合作主体的多元化特征,更进一步突显高职院校人才培养质量的新高度。

(三)价值体现

"校、企、政、研、用"五位一体强调校企合作主体的多元化与协同化,进而为高职院校和企业之间形成双赢局面提供全面的支撑条件,故而促进高职高素质技术技能型人才培养价值实现最大化,最终让校企合作办学模式在新时代的社会价值保持最大化,具体价值体现如下。

1.高职院校"硬件"与"软件"水平得到进一步发展

从以往高职校企合作办学模式"软件资源"建设的总体视角出发,专家型团队建设成为高职院校关注的重点,专业理论研究的水平正在不断提升。再从以往高职校企合作办学模式"硬件资源"建设的主视角来看,专业实训场地和设施的完善显然是主要关注的对象。随着时代的发展,校企合作办学模式的"软件资源"建设将指导型团队建设作为重要补充,更加强调校外实践基地、科研院所、职业技能水平鉴定中心的开辟与建设,更加突显出高职院校"硬件"与"软件"

水平的全面提升，这无疑是校企合作双赢模式自身价值的根本体现。

2.高职校企合作办学模式的运作流程得到进一步深化

通过"校、企、政、研、用"五位一体的概念解读，相信每一位学者能深知运作过程需要政府、合作企业、学校、科研院所、生产基地之间保持相互协同。其间，不仅要发挥各自的职能、履行各自的职责、完成各自的任务，还要做到相互提供信息反馈和相关建议，由此确保运作流程始终保持战略调整的状态，进而为人才培养各个环节的无缝衔接提供强有力的保障条件，高职校企合作办学模式的运作流程必然会得到进一步深化，这也是"校、企、政、研、用"五位一体的应用价值所在。

3.高职院校人才培养的品质得到进一步提升

结合"校、企、政、研、用"五位一体的概念解读，以及实践中的意义呈现，可以看出政府提供的政策导向，企业提供的专业化场地、设施、指导人员，学校提供的专业理论课程指导、科研院所提供的科研新成果、实践基地提供的实践指导，必然会促进高职学生专业知识、专业技能、职业能力、职业素养、创新能力的全面发展，高职院校人才培养的品质自是不可同日而语，展现出"校、企、政、研、用"五位一体在校企合作双赢模式中的社会价值。

二、"1+X"证书制度的全面实施

"1+X"证书制度是我国职业教育发展道路中所取得的又一辉煌成果，也是高职校企合作双赢模式全面升级的又一成功发现，并且在试点工作中已经取得了显著的成就，更是未来我国高职校企合作双赢模式未来发展的宏观方向所在。那么如何才能确保该制度在高职校企合作双赢模式构建中全面推广与落实，就需要针对该制度进行概括和背景解读，同时还要将其所获得的成果进行深入分析，由此方可确保"1+X"证书制度未来发展的趋势得到准确判断和深入落实。

（一）"1+X"证书制度的概括与背景解读

"1+X"证书制度是我国面对社会经济发展大环境，以及社会各个领域对高素质技术技能型人才的总体需求所提出高职院校人才培养新方向，是高职校企合作双赢模式发展道路中，所取得的最前端研究成果。该制度与以往高职校企合作双赢模式具有一定的向同性，同时也存在颠覆性色彩。

第七章 高职校企合作体制机制创新的前景展望

1. "1+X"证书制度概述

"1+X"证书制度是指学历证书+若干职业技能等级证书，高职学生在接受高等职业教育过程中，不仅获得学历证书，同时还要经过职业技术等级鉴定部门，获得多项职业技能等级证书。满足学生走向社会就能够适应社会人才需求，在工作岗位中实现自我价值的最大化，即专业知识与技能、职业能力与素养、创新能力与应用能力的全面展现，是高职院校高素质技术技能型人才全面培养大环境下，高职校企合作办学模式全面升级换代的新成果，也是真正实现高职校企合作双赢模式未来发展的大方向所在。

2. "1+X"证书制度产生的背景

随着我国社会经济发展步伐的不断加快，全社会关于技术人才的需求方向不再只注重人才专业知识扎实和专业技术过硬两项指标，更重要的是强调人才招之即来、来之能用、用之引领行业的发展，所以人才专业知识和专业技术水平只是两项基本指标，创新能力和综合应用能力成为关键中的关键。人才学历证书只是人才引进所关注的一个重点，另外多项职业技术水平等级证书和技能成果证书成为关注的方向，是高职人才创新能力、综合应用能力的客观体现，因此"1+X"证书制度在高等职业教育领域应运而生，并且还会随着社会的发展不断深化。

3. "1+X"证书制度在高职校企合作模式发展中的作用

从2019年起，我国已经在高职院校开展了"1+X"证书制度试点工作，试点工作的主要内容包括三个方面：第一，充分肯定学历教育的首要性。在此次"1+X"证书制度试点工作开展中，依然将学历教育过程放在首要位置，强调学生知识与技能、能力与素养、创新能力与综合应用能力的协同发展，让"校、企、政、研、用"各主体之间能够保持高度的协同，充分扮演好各自的"角色"，发挥出自身应有的职能，履行好各自的责任与义务。第二，职业技能等级培训工作放在重要位置。在此次试点工作中，学校与合作企业之间，严格按照行业所规定的人才职业技能等级标准，按照职业技能等级认定要求进行相关的职业技能等级培训工作，同时联合科研机构和生产基地，将学生职业技能水平不断提升，力求学生能够在校学习期间获得职业技能等级证书。第三，职业技能水平认定工作作为重要补充。学校与合作企业要联合行业内部职业技能水平认定机构，在学校内部设定学生职业技能水平认定机构，并且在规定的时间内开展学生职业技能水平认定工作，让学生在校学习期间能够享有充足的职业技能水平认定机会，确保学生走向社会、迈入工作岗位就能够拥有极为突出的专业知识与技术、职业能力、职业素质、创新能力与综合应用能力。

（二）"1+X"证书制度的实施与成果分析

就目前而言，"1+X"证书制度在试点院校已经进行了深入的落实，并且在上文中笔者已经针对该制度的内涵、产生的背景、实践中的作用体现进行了阐述，那么就实施效果方面取得了哪些成就显然应该进行深入的探索与分析，由此方可为全面推广该制度提供最为客观的依据。对此，接下来笔者就从实施过程、实施效果、社会反响三个方面入手，针对"1+X"证书制度的实施过程与成果进行详细分析。

1. "1+X"证书制度实施过程的成果分析

在当前"1+X"证书制度的试点院校中，该制度的实施过程主要包括上文中所提到的三个方面，而实施过程所取得的成果可总体概括为三个方面：第一，学校关于学生专业理论知识、专业技能的培训效果较为理想。在学校日常专业理论教学、专业技能培训工作中，能够联合企业与科研机构，将最新的理论研究成果、生产工艺、生产技术、生产材料传递给学生，让学生在理论学习和校内实训活动中能够夯实自身的知识基础与专业技能。第二，企业针对学生职业能力和职业素养、专业技能的进一步加强，效果尤为突出。在合作企业落实"1+X"证书制度的过程中，强调向学生的资源输出，并且联合科研机构和生产基地，不断强化学生专业技能、创新能力、综合应用能力，让学生能够感受到职业能力主要包括什么，应该具备哪些职业素质。第三，学生能够获得公平的职业技能水平认定机会。学生在校学习期间，学校与合作企业、生产基地之间会保持密切的联系，结合学生职业技能综合培养的实际情况做出客观分析，并定期组织学生进行职业技能水平认定，让学生在校学习期间能够拥有平等的和充足的职业技能水平认定机会。

2. "1+X"证书制度实施效果的成果分析

就当前我国"1+X"证书试点院校，在实施该制度的效果来看，学校、合作企业、科研机构、生产基地之间能够形成较为紧密的配合，政府从中发挥的支持、协调、服务、管理职能更是功不可没，学生在专业知识与专业技能方面的培养空间更大，同时职业能力与职业素养的培养环境更为理想，创新能力和综合应用能力也随之得到了明显提高，职业技能水平认定的普及率和通过率正处于逐年提升的态势之下，而这也充分展示出该制度在实施效果方面已经趋于理想化，同时也能够说明当今时代高职校企合作双赢模式的发展已经取得较为显著的成果。

3."1+X"证书制度人才社会反响的分析

"1+X"证书制度在试点院校开展接近三年，已经有一大批该制度下的高职人才走向社会、步入自己的工作岗位，在行业内部也引起了高度的反响。主要体现在三个方面：第一，学生行业发展大环境和岗位要求适应能力极强。具体表现于学生面对行业发展大环境，以及岗位工作的具体要求，能够做到从容应对，展现出学生在本职工作方面的高度适应力和驾驭力。第二，学生专业知识与专业技能较为扎实，并且体现出较强的职业能力和职业素养。在从事岗位本职工作中，学生能够真正做到将自己所学的理论知识应用到生产或经营活动中，并且能够结合行业发展的大趋势，不断进行经验的总结与归纳，确保自身的专业水平和职业水平得到不断提升。第三，学生创新能力和综合应用能力在岗位工作中能够得到呈现。学生在从事企业生产和经营活动过程中，能够做到结合某一环节发现深度细化的可行性，并且有针对性地进行技术和方法的改进，并敢于通过实践操作过程加以验证，进而全面提高工作效率，这显然是学生在岗位工作中创新能力和综合应用能力的直观呈现。

（三）"1+X"证书制度的未来发展趋势

纵观我国高等职业教育"1+X"证书制度试运行所取得的成就，不难发现该制度能够确保学校与合作企业之间实现高度的双赢，但最终受益的对象无外乎是学生和社会经济的全面发展。针对学生方面，学生具体受益如图7-2所示。

如图7-2所示，"1+X"证书制度在未来高职校企合作办学模式中的发展前景非常广阔，人才培养质量必然会得到大幅提升。针对于此，在未来的推广过程中依然有诸多方面存在较大的提升空间，而这也印证着"1+X"证书制度未来发展的趋势所在。

1.在专业课程设置与教材研发方面

在该制度全面实施的背景下，高职院校专业课程设置以及教材开发的工作中，不仅会涉及学校与合作企业两个主体，同时还会将科研机构和生产基地作为主体。科研机构主要向教材的编写工作提供最前端科研成果，学校与合作企业结

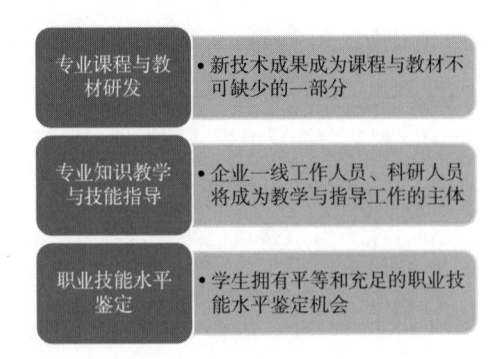

```
┌─────────────┐    ┌──────────────────────────┐
│ 专业课程与教 │───▶│ 新技术成果成为课程与教材不 │
│   材研发    │    │      可缺少的一部分        │
└─────────────┘    └──────────────────────────┘

┌─────────────┐    ┌──────────────────────────┐
│ 专业知识教学 │───▶│ 企业一线工作人员、科研人员 │
│ 与技能指导   │    │   将成为教学与指导工作的主体 │
└─────────────┘    └──────────────────────────┘

┌─────────────┐    ┌──────────────────────────┐
│ 职业技能水平 │───▶│ 学生拥有平等和充足的职业技 │
│    鉴定     │    │      能水平鉴定机会        │
└─────────────┘    └──────────────────────────┘
```

图7-2 "1+X"证书制度未来发展趋势明示图

合科研成果进行理论课程和技术指导课程的有效设置，确保学生能够充分掌握新出现的生产技术、生产工艺、生产材料。生产基地则是立足学生从事生产劳动过程中，技术创新的成就进行全面整理，并反馈至高职院校与合作企业，为教材的研发提供更"落地"的素材，学校与合作企业则以此为依据进行合理的课程设置，力求高职学生专业知识、专业技能、职业能力、职业素养、创新能力、综合应用能力得到深层次发展。

2.在专业知识教学与专业技能指导方面

"1+X"证书制度的全面实施，学生在学习专业知识和专业技能过程中，知识与技能的拓展性势必会得到进一步体现。其中，最为明显的表现就是能够了解当下乃至未来最新的生产技术、生产工艺、生产材料、经营理念等，让专业知识与专业技能形成更为完整的体系。在专业知识"教"和专业技能的指导过程中，在校教师和企业指导人员必然会根据已经研发出的教材内容，以及专业技能培养方案，强调教学与指导方式的多样化，力求学生学习专业知识和掌握专业技能的主动性得到明显提升，以此为高职院校学生全面发展提供强大的推动力。

3.在职业技能水平鉴定方面

虽然当前"1+X"证书制度试点院校中，已经设置了学生职业技能水平鉴定机构，并且也定期开展学生职业技能水平鉴定工作。但是，随着时代发展步伐的不断加快，社会对高职人才职业技能方面的要求必然不断提升，而这也意味高职学生在校期间需要针对各类职业技能进行培养，进而增加学校职业技能水平鉴定机构的工作量。针对于此，学校要与企业、生产基地、行业主管部门、职业技能水平鉴定机构形成进一步的密切合作，缩短学生职业技能水平鉴定周期的同时，还要不断扩展学生职业技能水平鉴定范围，由此来充分保证学生走向社会步入工作岗位后，能够从容面对工作岗位所提出的各种要求，真正在行业内部站稳脚跟并在行业内部成为佼佼者。

综合本节所阐述的观点，不难发现我国高职企合作双赢模式的过去、现在、未来，半工半读是我国高职校企合作实现双赢的基础所在，"政、企、学、研、用"五位一体是当前我国高职校企合作实现双赢所普遍贯彻的校企合作模式运作思想，而"1+X"证书制度则是我国未来高职校企合作双赢模式发展的主要方向所在。故而可以充分看出，我国高职校企合作体制机制建设与发展正处于又好又快的状态之下，高技能人才发展也正在迎接新时代所提出的新要求，有着极为广阔的发展前景。

第二节 校企合作体制机制创新下高技能人才的发展要求及前景

在第六章的观点阐述中，笔者已经将校企合作体制机制改革与创新的侧重点、立足点、实现路径做出了阐述，明确指出高职校企合作确保双赢模式的不断升级必须强调学校、合作企业、政府、科研机构、生产基地之间保持高度协同，并将其具体的做法加以列举。但是针对学生而言，在双赢模式视角之下必须做到不断完善自己，让双赢模式能够真正转化为促进高职学生全面发展的动力，由此方可达到高技能人才发展前景广阔的目的。本节即针对这两方面以及相关注意事项做出明确的阐述。

一、校企合作体制机制创新下高技能人才的发展要求

纵观当今高职校企合作体制机制改革与创新所取得的成果，不难发现高职人才培养进入全新发展阶段，高素质技术技能型人才培养成为高职院校在人才培养道路中的根本追求。在此期间，高职学生知识与技能、能力与素养的发展拥有了前所未有的广阔空间，而这也意味着高技能人才发展要面对诸多要求。

（一）创新能力的发展始终置于首位

创新能力的发展是当今时代乃至未来时代发展大环境下，高职校企合作办学模式发展道路中的重点关注对象，特别是在校企合作体制机制创新背景之下，高职院校在人才培养的道路中，力求学生能够向高技能人才行列进发，由此也充分诠释着高职高素质技术技能型人才的真谛所在。由此可见，"创新能力的发展"始终会作为校企合作体制机制创新下高技能人才发展的基本要求。

第七章　高职校企合作体制机制创新的前景展望

1.高技能人才要始终保持极强的创新意识

创新意识的产生是创新思维形成的根本条件，所以人的创新思维培养过程中，首先要向其渗透创新意识，帮助其确立创新的重要意义所在。高职校企合作体制机制创新过程中，向世人展现出各个合作主体在学生创新意识渗透中发挥的作用，让其能够感知到时代的发展和社会的进步离不开创新，而自己未来所要从事的岗位更是需要不断创新，由此才能胜任岗位工作，更好地适应行业发展和社会进步的大趋势与大潮流，让其具备高技能人才所必须具备的基本素质。但时代的车轮永远处于不间断转动状态之下，高职学生始终位于高技能人才之列就必须不断增强自身的创新意识，让创新成为思想和心理发展的常态，而这也是校企合作体制机制创新背景下为高技能人才未来发展所提出的根本要求。

2.高技能人才必须始终拓展自身的创新思维

创新思维不是与生俱来，是在系统的学习过程中不断受到启发、逐渐探索、逐渐积累，最终形成创新思维。根据其形成过程不难发现，创新思维的产生需要经过长时间、多方面的努力才会出现。因此，高职校企合作体制机制创新过程中，各主体的启发和引导作用力求最大化，让学生创新思维的产生成为自然，更让学生成为高技能人才拥有最为坚实的保证。然而，时代发展需要人才的创新思维不断拓展，而这也是高职校企合作体制机制创新背景之下，高职学生应对未来时代发展所必须具备的素质，也是确保自身始终处于高技能人才行列的关键因素。

3.高技能人才要始终将创新思维应用于实践视为重中之重

所谓的"思维"是指人脑借助语言将事物进行间接概括和反应的过程，思维能力越突出，就意味着人的概括与反应能力越强，创新思维就是人脑借助语言，将事物的特殊性进行间接概括和反应的过程，往往是创造新事物的根本。在高职校企合作体制机制创新道路中，各个合作主体都将高职学生创新思维的全面培育，并在实践中加以应用作为基本追求，由此将高校学生推向高技能人才行列之中。但是，面对未来社会的发展，该技术人才必须始终将创新思维应用于实践放在极为重要的位置，由此方可真正体现出高职技术技能型人才的高度创新性，更好地适应时代发展大潮流和大趋势。

（二）职业能力与素养的发展要得到更进一步的重视

结合当代乃至未来高职校企合作体制机制改革与创新的根本立足点以及实现路径，不难发现高职学生职业能力与职业素养的全面培养始终作为重要一环，力争高职学生能够成为有理想和有担当高技能人才。在这一背景之下，进一步重视自身的职业能力与素养，成为高技能人才未来发展道路中必须面对的一项重要要求。

1. 职业能力是高技能人才胜任行业发展之本

面对时代的发展，职业能力已经成为评价行业内部从业人员的一项重要指标，而该指标具有一定的综合性，既包括职业环境的适应能力，又包括岗位工作的驾驭能力，更包括职业奉献意识等，这些显然都是各行各业从业人员职业品质的象征。在高职校企合作体制机制创新背景之下，为高职学生提供的职业能力培养平台极为理想，帮助其成为高技能人才。但是，在未来发展的道路中，不断增强自身的职业能力无疑是高技能人才胜任本行业发展的根本所在，也是高职学生面对未来时代的发展新环境，始终位列高技能人才之列的重要保证。

2. 职业素养是高技能人才获得行业认可的关键要素

职业素养是人才职业品质的主要象征，其中蕴藏着人才对行业发展和社会进步的担当，也是未来高技能人才必须高度具备的职业品质所在。对此，在高职校企合作体制机制实现全面创新的背景之下，高技能人才的培养与发展必须将职业素养的全面提升作为根本要求，其间既要坚守职业道德底线，同时还要善于总结和反思，找出自身职业发展道路中存在的不足与缺陷，通过社会主义核心价值观，以及新时代中国特色社会主义现代化国家建设的新征程的深入解读，不断强化自身关于职业发展的认知高度，从而促进自身职业素养的全面提升，由此实现身处新时代能够获得行业内部的高度认可。

（三）专业知识与技能的发展要始终视为基础

知识与技能是推动社会发展的直接力量，所以在面对当今和未来时代的发展，高职校企合作办学模式始终要将学生专业知识与技能的发展作为基础中的基础，校企合作体制机制的创新也是如此，力求高职学生能够不断完善自身的专业知识体系和技能结构，确保高职学生能够成为合格的高素质技术技能型人才，迈入高技能人才的行列，所具备的能力如图7-3所示。

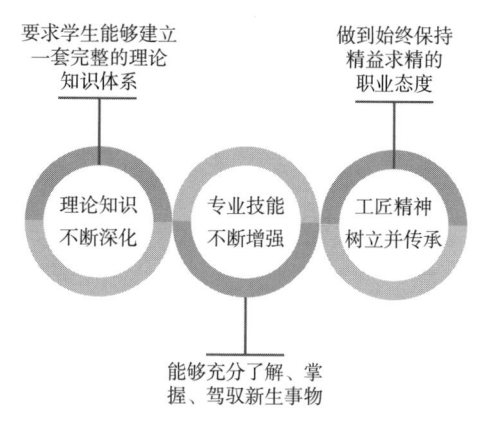

图7-3　高技术人才知识与技能的发展要求

通过观察图7-3不难发现，高职校企合作体制机制为高技术人才知识与技能创新提出了一系列新要求，也是基本要求。为此，在该背景之下，确保高职学生始终处于高技能人才之列，就必须将专业知识与技能的发展始终作为基础中的基础，这也是当代和未来社会高技能人才所提出的基本要求。

1.专业理论知识的不断深化

专业理论知识作为高职院校高素质技术技能型人才培养道路中的理论支撑，是人才真正做到将技能、能力、素养转化为产品的根本前提条件。对此，在高职校企合作体制机制创新的道路中，专业理论知识教学工作的高质量开展始终是一项根本任务，让高职学生真正成为高技能人才能够拥有较为扎实的理论基础。对此，这也揭示着高职人才在成长为高技能人才的道路中，始终要秉承不断深化专业理论知识的态度，以活到老学到老的心态不断完善自身的知识体系，为更好地驾驭未来社会发展所提出的新要求提供最为基础的保障条件。

2.专业技能的不断增强

专业技能作为高职院校校企合作体制机制创新中，重点关注的对象之一，强调各方协作都要以学生专业技能发展为基础，所以高职院校人才培养的道路中，学生不断增强专业技能是高技能人才必须具备的品质之一。面对时代发展脚步的不断加快，新技术、新材料、新工艺的不断涌现已经成为必然，高技能人才能够快速掌握新技术、有效运用新材料、全面驾驭新工艺显然成为必须具备的条件，高职院校高素质技术技能型人才作为高技能人才的代表，无疑要具备以上条件，不断增强自身的专业技能。

3.工匠精神的全面树立

在校企合作体制机制创新背景之下，高职学生不仅在专业知识和专业技能方面得到广阔的发展空间，更在职业能力、职业素养、创新能力、综合应用能力方面又有较为广阔的发展空间，成为高技能人才。素质越高、能力越强就意味着所要肩负的责任更大，要努力成为行业的典范，用创新的思维和严谨的态度去追求精益求精的卓越品质，这无疑是高职人才未来发展的主要方向，也是未来高技能人才职业知识和专业技能始终保持高度过硬的精神支柱。

二、校企合作体制机制创新下高技能人才的发展前景

校企合作体制机制创新作为高职校企合作办学模式实现全面升级，与当今社会发展大趋势相适应，能够满足未来社会发展进程中高素质技术技能型人才的总体需要，故而高职院校人才培养的最终结果必然会确保学生成为高技能人才。在此背景之下，高技能人才的发展拥有极为广阔的前景，具体包括以下三个方面。

（一）人才兼具知识创新与技能创新两项核心素养

知识创新与技能创新自然是高技术人才的"标配"，在校企合作体制机制实现全面创新的背景之下，高职院校人才培养必然会将学生知识创新与技能创新作为关注的焦点，高技能人才未来发展自然也以此为主要方向，人才社会价值也必然会得到最大程度挖掘。

1.专业知识应用领域的创新

从高职校企合作人才培养道路中，学生实现技能全面发展的必要条件出发，充分掌握本学科、本专业的相关知识，并且能够实现跨学科融合，无疑是学生实现技能创新的根本条件所在。高职校企合作体制机制创新显然将其转化成为现实，科研机构创新科研成果在课程教学中的有效传递就是最为有力的说明。在此期间，学生不仅要了解新技术、新工艺、新材料产生的背景，更要了解其产生的过程和应用的价值，这在无形中让学生接触到其他学科相关知识，以及其他领域技术之间存在的相关性，进而确保学生在实践活动中敢于尝试探索知识在其他领域的应用，让知识创新成就自己未来的发展。这显然是校企合作体制机制创新下高技能人才所必须具备的重要素质，也是高技能人才未来发展的主要方向所在。

第七章 高职校企合作体制机制创新的前景展望

2.专业技术精益求精

校企合作体制机制创新，标志着高职校企合作模式得到了长足的发展与进步，高素质技术技能型人才培养达到了高技能标准。在该标准之下，高职学生步入社会必然会在专业技术方面更加精益求精，技术创新的力度也会充分体现出来。其中，最为明显的表现主要在于两个方面：第一，技术深化的方向更多。第二，技术创新应用的价值能够充分呈现。这显然是高技能人才更好地适应时代发展需要必备的条件，也是高技术人才成就未来社会经济发展的根本表征。

3.专业技能深度细化

"精工""严谨""细致"作为我国未来高技能人才的代名词，也是高职院校人才培养的根本理念，这是人才知识创新和技术创新达到极致的根本体现，所以也是我国校企合作体制机制创新背景下，高技术人才未来发展的根本方向。伴随我国科技发展脚步的不断加快，一系列新技术应用于我国生产制造行业，同时在产业经营领域也不断颠覆人们固有的认知。高职院校作为高素质技术技能型人才培养的摇篮，校企合作体制机制实现创新更是为了有效迎合时代的发展，让高职院校学生真正成为高技术人才。对此，专业技能深度细化也是未来高技术人才发展的主要方向，更是校企合作体制机制创新下人才培养的必然成果。

（二）职业能力与素养发展高度前所未有

职业能力与素养承载着高职学生能否适应工作岗位，能否在行业发展大环境中长期立足，更关乎高职学生能否做到自身职业价值的最大化。为此，在高职校企合作体制机制实现创新的背景之下，校企合作模式构成的主体普遍将促进学生职业能力与素养的发展视为关键，让高职学生能够真正成为高技能人才，并且确保其未来发展拥有极为广阔的前景，具体如图7-4所示。

如图7-4所示，在高职校企合作体制机制实现全面创新的背景之下，高技能人才职业能力的发展必然会推动其行业实现又好又快发展，三个方面的体现具体分析如下。

1.在行业发展中体现积极的推动作用

伴随我国社会经济始终保持又好又快的发展态势，高技能人才无疑发挥着至关重要的推动作用。对此，高职校企合作模式的发展不断在体制机制层面保持高度创新，让学生能够实现一专多能的同时，确保高职学生专业知识、专业技术、

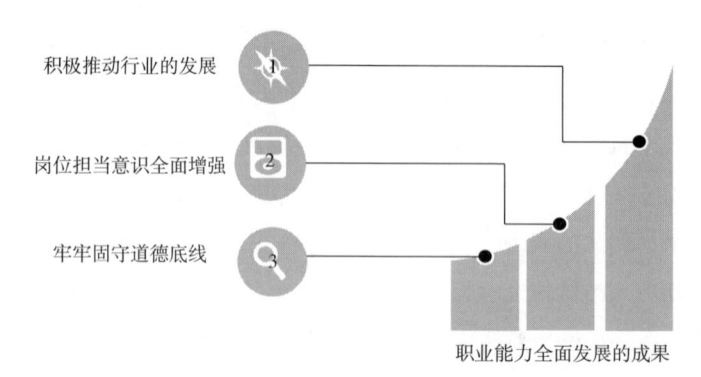

图7-4 高技能人才职业能力提升的成果展示

职业能力、职业素养、创新能力、综合应用能力实现全方位培养与发展，切实成为高校企合作体制机制创新下的高技能人才。在这一时代发展大趋势之下，高职学生步入工作岗位后必然能将自身所学，以及所掌握的专业技术、创新能力、综合应用能力充分展现，实现自身职业价值的最大化，从而在行业发展中起到积极的推动作用，而这正是校企合作体制机制创新下，高技能人才发展前景最有力的说明。

2.树立岗位担当意识

担当意识是人们谋求可持续发展道路中必须具备的一项基本意识，特别是在从事生产制造领域和产品经营领域，担当意识必然会关乎自身职业生涯能否保持可持续发展的姿态。对此，在校企合作体制机制实现全面创新背景下，合作企业、生产基地、高职院校之间会保持高度协同，让学生从最根本的层面意识到岗位的重要性所在，并深刻感知到从事的工作有着怎样的特殊意义，进而让高职学生在校学习期间的成长过程中能够树立起担当意识，并在走向社会、步入工作岗位的一刻敢于担当，这不仅是高技能人才必须具备的基本职业素养，更会在当今社会高技能人才发展中转化为现实。

3.牢牢坚守职业道德底线

在校企合作体制机制实现全面创新的大背景下，合作企业无论是在学校课程体系构建方面，还是在学生专业技术指导方面，都会保持全程参与的状态，让学生始终能够感受到最真实的从业状态，进而将岗位要求作为自身学业发展的基本要求。在这一过程中，学生自身的职业道德认知层次必然会无形中得到提升，故而会牢牢坚守自己的职业道德底线。这显然是校企合作体制机制实现全面创新大背景下，高技能人才必须具备的基本职业道德素养，更是当今乃至未来社会高技能人才必然呈现的职业道德素养新高度。

（三）引领未来技术领域的"中国速度"

面对高职校企合作体制机制改革与创新成为现实，高职教育必然实现高技能人才的全面培养，并且在社会发展中发挥强有力的推动作用，进而推动专业技术领域发展的"中国速度"不断加快。这显然是校企合作体制机制创新下高技能人才发展的又一前景，以下三个方面就是其具体表现。

1. 技术应用领域的最大化

在校企合作体制机制实现高度创新的背景之下，高职高素质技术技能型人才培养的成果势必会得到最大程度体现。在此之际，高技能人才已经成为中国生产制造业取得全面发展的中坚力量。其中，最为明显的体现无疑是在各个领域都能将所掌握的专业技术加以充分应用，实现技术应用领域的最大化。其中，技术创新的成果必然会不断增加，为社会经济的发展起到至关重要推动的作用，而这必然会成为校企合作体制机制创新下高技能人才发展的又一真实写照。

2. 技术应用成效达到最佳

从高职校企合作体制机制实现创新的路径角度出发，学校、合作企业、政府、科研机构、生产基地成为校企合作模式的根本主体，彼此之间充分发挥各自的职能，并且始终保持相互协同的运行状态，进而让高职学生在校期间能够充分适应所从事的工作岗位以及行业发展的大环境，更能让学生了解该专业领域的技术前沿，并努力在生产实践中谋求创新。在此模式运行之下，学生技术水平不仅会得到快速提升，同时技术应用的效果也能实现最大化，保持高技能人才应有的姿态。这显然能够让学生步入社会、走向工作岗位的一刻，就能够将自身的技术应用成果充分展现出来，为中国制造业充分体现"中国速度"添砖加瓦。

3. 技术创造力突飞猛进

就当前中国生产制造业发展的大形势而言，"中国制造"已经不再是向世人所展示的"标签"，"中国创造"则成为中国制造业给世界留下的第一印象。在高职校企合作体制机制实现不断创新的背景下，高职院校人才培养的视角必然会坚定高素质技术技能型人才高质量培养，让高职学生以高技能人才的定位迈入社会，无论是在专项科研工作上，还是在生产制造领域都会展现出极强的创造力，由此助力我国生产制造业的"中国速度",以及技术水平的"中国高度",这无疑是校企合作体制机制创新下,高技能人才发展必然会实现的目标。

三、校企合作体制机制创新下的高技能人才发展注意事项

在上文中,笔者已经针对高职校企合作体制机制创新背景下高技能人才未来发展的前景进行了系统阐述,明确指出校企合作体制机制创新成就高职院校高素质技术技能型人才的全面培养,并能推动人才向高技能人才行列迈进。然而,这并不意味着高职院校人才培养始终能够位于高技能人才之列,还要在多个方面加以高度重视,由此方可确保高职高素质技术技能型人才更好地面对和推动时代发展,确保高技能人才发展的可持续性。其中,主要的注意事项包括以下三个方面。

(一)创新能力的发展要保持高度平衡

"创新"是一个民族发展的力量之源,面对当今时代发展大环境,创新已经成为各行各业各个领域的不懈追求,人才是否具备创新能力,同时能够将其在实践中得以体现,已经成为社会对于人才提出的根本要求。为此,高职校企合作体制机制实现全面创新的背景之下,更加强调高职学生创新能力的全面发展,由此力保高职学生在专业知识、专业技能上始终能够意识到创新的重要性,并逐渐形成并拓展其创新思维,最终实现创新思维在实践应用中的体现。这显然让高职学生迈向高技术人才的行列,故而确保其始终处于该行列就必须重视创新能力的发展要保持高度平衡,具体如下。

1.知识创新的高度重视

知识创新是技术创新的根本,也是高职人才面对不同时代社会发展大环境,始终保持可持续发展状态的基础所在。针对于此,面对校企合作体制机制创新成为现实,高职创新技术技能人才培养达到前所未有的高度,高技术能人才必然会相继涌现。然而,时代的车轮不停地转动,而且转动的速度会越发加快,这就要求广大高技能人才在知识创新方面秉承可持续的态度,知识创新既要做到高度严谨,同时又要确保创新成果能够助力时代经济的又好又快发展。这无疑是校企合作体制机制创新下高技能人才发展必须关注的重点,也是高技能人才不断将自身技能水平推向新高度的有力前提。

2.技能创新与知识创新的高度匹配

技能创新是当今时代乃至未来社会发展道路中，高职高素质技术技能型人才培养的核心视角，技能本身的定义就是通过反复地练习从而形成具有智慧性的活动方式。高职院校作为我国高素质技术技能型人才培养的前沿阵地，确保学生在专业技术层面反复摸索，总结出具有创新性的活动方式，并能够将其有效地驾驭，无疑是全面推进我国各个行业实现创新发展的原动力，更是促进我国社会经济发展的核心力量所在。对此，在校企合作体制机制实现大力创新的背景之下，高职院校高素质技术技能型人才培养的高度必然会超出世人的想象，技能创新无疑是高素质技术技能型人才能否认定为高技术人才的重要指标之一。对此，这也是校企合作体制机制创新下高技能人才发展必须重点关注的事项之一，要与知识创新的关注程度高度匹配，力求高技能人才发展始终保持又好又快的姿态。

（二）职业能力与素养的提升要循序渐进

就目前中国生产制造业发展所处于的大环境而言，"中国速度"在各个领域普遍得到高度的关注与认可，这些成就显然与高职院校高素质技术技能型人才的培养密不可分，人才职业能力与职业素养显然起到了重要的支撑作用。特别是在校企合作体制机制实现全面创新的时代大背景之下，高职高素质技术技能型人才的培养会提升到高技能人才这一新高度，人才发展道路中必须将职业能力与素养的不断提升放在重要位置。在此期间，提升的过程必须做到循序渐进，将其转化为现实的具体因素如图7-5所示。

1	认知发展规律	由浅入深、由易到难、由简单到复杂
2	认知客观事实	了解专业知识储备、专业技能水平、职业能力高度等情况
3	方法的有效选择	立足客观发展规律与事实找出理想提升方法

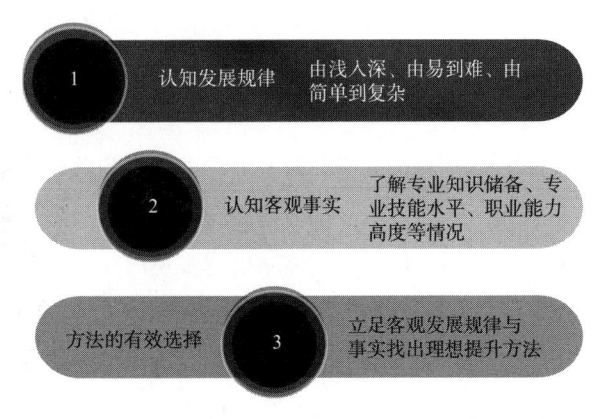

图7-5 高技能人才循序渐进提升职业能力与素养的要素构成图

通过图7-5所呈现出的要素构成，可以看出高技能人才切实做到循序渐进提升自身的职业能力过程中，需要经过一个具有系统性的过程，而如何做到上述三点并最终达到甚至超出预期目标，还需要从两个方面入手，具体如下。

1. 要遵循自身知识与技能、能力与素养的发展规律

毋庸置疑的是，实现人的全面发展必须遵循一系列客观规律，如果与自身发展客观规律相违背，那么必然会导致发展道路中事倍功半，甚至严重阻碍人的发展，高技能人才的发展更是如此。这就要求校企合作体制机制创新下高技能人才发展中，无论是在自身知识与技能方面，还是在能力与素养的全面提升方面，都要与自身发展规律高度吻合，做到知识与技能的积累和提升，以及能力与素养的层次提升过程都要由浅入深、由易到难、由简单到复杂，进而才能实现高技能人才的全面发展，更好地适应并满足社会对高技能人才的切实需要。

2. 要以自身关于专业知识、技能、能力、素养的客观认知为依据

古语有言，只有做到"知己知彼"，方可实现"百战不殆"。在校企合作体制机制创新大背景之下，高职院校培养出的高技能人才实现自身的可持续发展，关键在于要对自身的专业知识、技能、能力、素养有着客观认知，从中找出不断强化自身知识、技能、能力、素养的关键点，采用较为理想的方式与方法方可达到甚至超出预期目标。在此期间，高技能人才必须做到能够客观审视自我，了解自身专业知识储备、专业技能水平、职业能力高度、职业素养培育情况，以及创新能力发展和综合应用能力现状六个方面，与时代发展背景之下高素质技术技能型人才需求所存在的具体差距，以此为重要依据，采用合理的方法循序渐进加以提升，故而方可确保校企合作体制机制创新下高技能人才实现全面发展。

（三）专业知识与技能的发展要具备可持续性

专业知识与专业技能是评价高职院校人才培养质量的两项根本指标，是否具有可持续性直接反映出人才能否适应社会发展大趋势，能否满足时代发展大背景下社会用人的基本需求。面对校企合作体制机制实现前所未有的创新，高职高素质技术技能型人才的培养必然会达到新高度，从而成为社会高技能人才。然而，在这一大背景之下，高技能人才必须将专业知识与技能的发展要具备可持续性作为基础中的基础，关键中的关键，具体操作如下。

1.要在知识与技能创新的道路上砥砺前行

在高职校企合作体制机制创新下，高素质技术技能型人才培养的质量必然会实现显著提高，高技能人才培养终究会成为现实，特别是在"1+X"证书制度全面落实的背景下，高职高素质技术技能型人才培养的质量会上升到新的高度，高技能人才的成长也会拥有较大的空间。在这一时代大背景之下，赋予高中技能人才的历史使命也会变得更加特殊，所肩负的任务也会更为艰巨，知识探索与技能实践过程中，始终保持创新的态度自然成为实现自身可持续发展的关键。其间，所收获的成果或是微乎其微，或是显而易见，这就要求高技术人才要始终秉承初心，不断砥砺前行，力求在知识与技能层面始终保持创新发展的心态，由此方可确保自身的发展之路始终推动社会经济又好又快发展。

2.要将传承"工匠精神"作为重要使命

当今世界的中国之所以能够从"生产制造大国"，一跃成为"成果创新大国"，其根本原因就是将五千多年的文化积淀迸发出来，"工匠精神"作为中华民族文化的底蕴所在，无数能工巧匠创造了数不胜数的世界奇迹，而这些也是民族发展和社会进步精神动力。面对校企合作体制机制创新下高技能人才培养即将迎来的新局面，高技能人才的发展必须始终秉承"大国工匠精神"，在创新的道路中寻求技术层面的精益求精，在知识层面寻求多学科和多领域的兼容并包，由此方可确保创造出的新产品能够影响时代的发展，成为社会经济发展的重要推动力。这显然是校企合作体制机制创新下高技能人才未来发展必须重点关注的视角。

第三节 新形势下高职校企合作前景展望

面对当今我国社会经济发展所要面对的新形势，高职院校人才培养自然也要迎接新的挑战，最终实现高素质技术技能型人才培养的整体质量的全面提升，而这也是新形势下高职校企合作的前景所在，具体表现为教学资源库、"双师型"教师队伍建设、企业实践基地或中心的升级都能实现学习和企业共同参与，政府充分发挥出组织与协调作用。

一、校企共建教学资源库

校企共建教学资源库作为当今高职校企合作办学模式构建与发展中的必然一环，作用体现在学校、企业、学生之间能够保证人才培养进度的相互同步，知识、技能、能力、素养培育的方向高度一致，以及学生获取知识、增强专业技能、促进创新能力和职业能力发展、提升职业素养的过程更加便捷。面对时代发展为高职校企合作所带来的发展新形势，政府、学校、企业共建教学资源库无疑成为必然，以此为高职校企合作拥有更为理想的发展前景提供了重要保证，三方各自履行的责任与义务如下。

（一）政府继续加大资金与政策支持力度

政府作为任何时代背景下校企合作模式构建与运行中必不可少的一部分，必须发挥强大的协调、服务、保障等相关职能，在当今乃至未来职业教育发展新形势下更是如此。最为明显的表现就是在校企共建教学资源库的道路中，继续加大资金与政策支持力度，确保高职校企合作前景更为理想。

第七章 高职校企合作体制机制创新的前景展望

1.政府提供资金支持的新方向

在前文中,笔者已经明确指出政府在高职校企合作中必须发挥出重要的服务职能,让校企协同育人能够得到更为有力的服务,为高职高素质技术技能型人才培养可以拥有更多的理想条件。其中,资金支持就是最为重要的一项。在新形势下,高职校企合作模式必然会不断升级,校企之间的相互衔接更会达到无缝化,因此在资金的使用上会远远超出预期,企业在与高职院校合作中无疑会承担校内实训基地建设、校外实践基地建设、先进技术设备的投入力度,但是学校在教学资源与教育技术引进、教师队伍建设、实训与实践基地建设中投入大量资金,这些无疑需要政府提供强有力的资金支持,由此方可为新形势下的高职校企合作模式高效运行,而这些恰恰是政府资金支持的新方向所在,由此也能判断出未来高职校企合作拥有极为理想的发展前景。

2.政府提供政策支持的新着力点

政策环境的理想化是高职校企合作模式发展最为直接的影响因素之一,前文已经针对当前关于高职校企合作模式构建与发展的主要政策进行了列举,为当前高职校企合作模式的构建拥有较为理想的政策环境。随着我国社会经济发展速度不断加快,教育事业发展也迎来了新的机遇,在职业教育领域更是不断加大投入力度,政策支持的力度显然也会得到进一步增加,如教育资源支持政策、高职教师补贴政策、职业教育税收补贴政策、合作企业税收减免政策等,这些必然会成就我国新形势下高职校企合作模式发展呈现出更好的发展前景,让高职校企合作模式的发展始终拥有更加趋于理想化的政策大环境。

(二)学校要承担技术引进的主要责任

在新形势下,高职校企合作模式的未来发展道路中,学校发挥的职能、承担的责任、履行的义务无疑具有明显的主体性。在教学资源库建设方面更是如此,所要承担的责任非常明确,就是先进技术的引进与应用,以此来保证合作企业一线工作人员能够及时有效地为学生提供技术指导,学校专业教师能够做到与其保持信息同步,学生参与理论学习和接受专业技术指导更加便捷。

1.大数据、云存储等技术要成为学校建设教学资源库的着眼点

学校要始终作为校企合作模式构建与运行的主体,其原因在上文中已经做出了明确的阐述,因而在新形势下高职校企合作模式的发展中,学校显然要承担起

教学资源库建设的重任，重点则是承担技术层面的引进与升级。伴随当今时代以及未来科学技术更新换代步伐的不断加快，大数据、云计算、云存储等技术的更新换代步伐势必会不断加快，先进教育技术的全面应用势必会确保校企之间始终保持信息对称，让学生接受职业教育活动的方式更加便捷，同时做到校企合作人才培养方向与过程保持高度的一致，这样不仅能够为高职学生专业知识、专业技能、职业能力、职业素养的全面发展拥有较为理想的技术支持。

2.新一代网络技术普及与覆盖应作为学校教学资源库建设重点关注方向

众所周知，当前我国已经全面进入5G网络时代，网络质量显然得到了质的飞跃，信息捕捉的速度更快，信息的流动性更强，信息传递的速度与范围更是得到了明显提升，这显然对教学资源库建设与发展起到了至关重要的推动作用。对此，在新形势下的高职校企合作办学模式发展中，新一代网络技术普及与覆盖显然要作为高职院校关注的重点，确保校企合作办学模式运行过程中，硬件技术能够始终为校企合作模式高质量运行提供有力的技术支撑条件。

（三）合作企业要作为教学资源库内容结构完善的主体

面对时代发展的大形势，先进教育技术无疑承载着教育事业走向成功，职业教育在时代发展新形势之下显然也不例外，高职校企合作模式在时代发展新形势下更是如此。在这里，合作企业显然要作为教学资源库建设与完善的主体，具体任务主要表现在教学资源库内容结构的不断完善，力求新形势下的高职校企合作模式发展能够呈现出更为理想的发展前景，具体如图7-6所示。

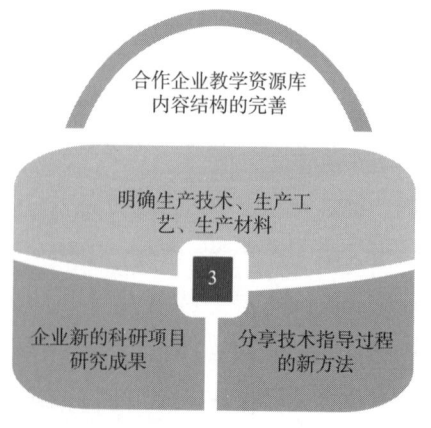

图7-6 合作企业教学资源库内容结构的完善方向

通过图7-6可以看出，合作企业在完善校企合作资源库内容结构的过程中，已经指出了较为明确的方向。然而，针对这三个方向产生的主要原因并没有做出明确的解释，笔者接下来就立足上述三个方面加以具体阐述。

1. 审时度势：明确行业内部新的生产技术、生产工艺、生产材料

随着绿色、生态、环保、低碳、节能减排作为当今乃至未来我国社会经济发展的根本理念，新技术、新工艺、新材料随之应运而生，这无疑为高职院校人才培养提出一系列新的要求，而这也正是高职院校人才培养道路中所要面对的新形势。对此，合作企业必须做到审时度势，将新时代已经得到普遍运用的全新生产技术、生产工艺、生产材料及时补充到教学资源库中，并且保持教学资源结构的高度合理化，确保学生、教师、技术指导员在理论教学与实践活动中能够有效获取，让学生以最快的速度了解生产活动新技术、新工艺、新材料，为学生更好地适应新形势下社会人才需求方向提供强有力的资源保障。

2. 与时俱进：补充企业新的科研项目研究成果

校企合作之所以作为当今时代乃至未来社会高职教育发展道路最基本的人才培养模式，其最重要的原因就是企业始终会伴随高职院校人才培养的过程，丰富的生产与经营经验和诸多丰富的科研成果将成为高职院校人才培养道路中的共享资源。针对于此，在新形势下的高职校企合作人才培养模式发展道路中，企业新的科研项目研究成果必将成为教学资源库重要组成部分。其中必然会包括生产或施工工艺研究成果、生产与施工成功案例、新技术研发与应用成果等，这些显然能够为高职学生了解行业发展新动态，技术创新思维的全面发展提供重要的学习新资源，助其更好地适应未来社会行业需求取向。

3. 创新发展：分享技术指导过程的新方法

众所周知，教学方法的创新性直接影响着学生学习的积极性，更直接关乎学生学习的成果和学生学习习惯的养成。在新形势下高职校企合作教学模式的发展中，培养高质量高素质技术技能型人才显然是高职院校，以及合作企业和行业发展的必然追求，理论教学与实践指导方法的不断创新必然成为学校和合作企业重点关注对象，教学资源库的建设更要充分发挥出这一重要作用。其中，企业必须承担分享技术指导过程的新方法，不仅强化专业实践活动学生技术指导效果，促进学生职业能力和职业素养的全面发展，更确保专业理论课程教师可以从中加以借鉴，力求学生专业理论基础、专业技能水平、职业能力和职业素养能够始终保

持快速提升的状态，并能达到助力学生良好学习习惯的全面养成。

二、"双师型"教师队伍的全面建设

"双师型"教师队伍建设是高职校企合作模式运行过程中的重要一环，更是确保高职院校人才培养质量的关键所在。对此，在新形势下的高职校企合作办学模式的发展中，"双师型"教师队伍建设必然会更上一个台阶，发展前景自是不言而喻。

（一）明确新形势下"双师型"教师队伍的内涵

就新形势下高职校企合作模式发展前景而言，"双师型"教师队伍的全面建设无疑是必然所在，但该前景的实现仍然需要广大学者以及学校有关部门工作者不断为之付出努力，明确新形势下"双师型"教师队伍的内涵就是其中重要一项，具有引领新形势下高职院校"双师型"教师队伍全面建设大方向的作用。

1.立足社会发展用人要求确立双师型教师队伍建设切实需求

就当前我国社会发展的总体趋势来看，具有创新能力的技术技能型人才已经成为社会主要需求方向，世界赋予的"基建狂魔"和"中国创造"等称号显然印证了笔者这一观点。面对当下我国已经全面开启的新时代中国特色社会主义现代化国家建设新征程，高职校企合作模式发展中，"双师型"教师队伍建设显然要有明确的方向所在。就当前而言，双师型教师队伍建设主要趋于三个方向，一是"双职称"，二是"双能力"，三是"双证书"。每一个建设方向都有自身特殊的优势，同时也具有一定的共同点，所以在新形势下校企合作办学模式运行过程中，高职院校必须立足社会发展用人要求，从而方可做到客观认知双师型教师队伍建设切实需求，为"双师型"教师队伍的全面建设奠定坚实的基础。

2.明确"双证书"作为"双师型"教师队伍内涵的主体

在这里，所谓的"双证书"指的就是教师既要拥有从事高等职业教育的教师资格证书，又要具有高水平的技能等级证书。前者是教师专业教学能力的重要象征，后者则是教师指导学生从事专业实践活动能力的重要说明。由于在新形势下的高职校企合作办学模式下，教师不仅要具备组织专业理论教学活动、向学生传递专业理论知识、运用教学方法与手段有效进行课堂教学管理等基本教学能力，同时还要具备为学生专业技能发展提供有效指导，促进学生职业能力全面提升的能力。所以"双证书"要作为新形势下高职校企合作办学模式中"双师型"教师队伍建设内涵的主体,由此方可确保教师队伍能够为高职学生适应未来发展提供强有力的引导与指向作用。

(二)"双师型"教师队伍建设的措施

面对时代发展的新形势,高职校企合作办学模式运行过程中,"双师型"教师队伍建设的措施势必会更加完善,最为明显的体现就是极富有一线工作经验的企业工作人员和科研人员会进入教师队伍之中,成为稳定的一员,在教师队伍管理和培训工作的开展会更加趋于系统化,具体表现如下。

1.学校与合作企业间的人员互聘

高水平教师的引进无疑是高职教师队伍建设最为关键的一环,故而在新形势下的高职校企合作模式发展中,"双师型"教师队伍建设必须将高水平教师的引进置于首位。其间,最为理想的渠道则是学校与合作企业之间保持人员互聘。具体操作则体现在两个方面:第一,综合考量合作企业所派遣的企业一线工作人员,确定与学校未来发展人才需求取向的一致性。具体考量的方面应包括理论联系实际能力、专业实践活动指导能力、专业技术研究与开发能力、专业技能水平等,达到要求者应作为学校人才聘请的主要对象。第二,额外建立一套教师队伍管理制度和绩效制度,确保其成为学校"双师型"教师队伍中的一员。在确定学校人员聘请的对象基础上,随之要结合教师队伍管理和薪酬制度管理两个层面,为之提供一套更具人性化和合理性的管理措施、薪酬条件,确保新形势下校企合作高职院校"双师型"教师队伍规模不断扩大的同时,质量也能够始终保持不断上升的姿态。

2.确立双师型教师队伍评价体系

新形势下高职校企合作办学模式运作过程中,"双师型"教师队伍全面建设必须要有至关重要的保障条件作为支撑,由此才能让教师队伍整体质量始终保持理想化。评价体系的构建则是不可缺少的一环。在评价原则方面,要以客观性、指导性、过程性、发展性为主要评价原则,确保评价过程与结果能够为双师型教师队伍建设与优化提供重要的依据,确保其发展的可持续性和实现又好又快。在评价标准方面,要以高职院校教师职业道德标准、行业技能等级评价标准等作为主要依据,确立双师型教师队伍质量评价的主要标准。在评价方法方面,要将定性与定量相结合作为评价方法,由此确保评价过程与结果能够客观反映双师型教师队伍建设现状,并确保所提出的建议更加具有指向性。在评价内容方面,要突出教师教学能力和学生专业实践活动指导能力两方面,系统化明确一级评价指标和二级评价指标,由此方可保证评价结果更加客观、公正、有效。

3.打造双师型教师队伍培训体系

双师型教师队伍建设与发展最根本的目的在于不断提升质量水平,人才引进和质量评价显然是重要的前提和保障条件,但最根本的动力条件则是科学系统地开展教师队伍培训工作,拥有一套完整而又合理的培训体系。其中,在培训原则上要以促进教师专业理论知识、专业技能指导能力、职业道德素养、职业能力全面发展为原则。在培训形式上要将从合作企业聘请的一线工作人员作为主体,通过讲座、座谈会、能力与技能大赛的形式开展培训活动。在培训制度上要明确教师培训考核具体细则,并且作为教师职称晋升的重要依据,由此确保新形势下高职校企合作双师型教师队伍整体质量的提升能够获得又一有力抓手。

三、企业实践基地或中心的全面升级

校企合作办学模式中,企业本身的职能与职责就是要为高职院校高素质技术技能型人才全面培养提供高质量服务,确保与合作高职院校能够齐心协力培养满足企业发展、行业需求、社会需要的技术人才。为此,在企业维度不断进行实践基地或中心的全面升级,就成为新形势下高职校企合作发展的必然前景。

(一)校企双方与政府达成资源全方位保障的共识

企业实践基地或中心的全面升级必须有政府为之提供强有力的资金、物资、政策层面的保障,校企双方才能完成理想化的升级与改造工作,为校企合作培养出高质量的人才提供理想的载体。然而,在具体操作中将其转化为现实却并非易事,需要从以下三方面入手。

1.向政府明确实践基地或中心升级改造的历史发展必然性

政府在地方经济发展进程中,虽然具有宏观导向功能,在一定程度上能够明确新时代行业发展的大方向,但是在人才需求的总体方向上并不能完全做到高度明确,所以在高职校企合作模式的构建中,企业实践基地或中心的建设方面虽然会不断加大力度,但是依然不能做到面面俱到。对此,学校与企业在新时期校企合作模式发展中，必须针对实践基地或中心升级改造的历史必然性向政府加以明确，更要将其升级的理念和思路传递到政府主管部门，力求政府从时代发展的客观角度深刻意识到其必要性所在，从而共同制定出企业实践基地或中心升级改造资源保障协议的具体内容，以及责任与义务范畴。

2.校企双方与政府签订资源保障协议并确定其责任与义务

校企双方与政府共同制定企业实践基地或中心升级改造资源保障协议具体框架，并明确各自责任与义务的范畴基础上，随之要共同签订其资源保障协议，要承诺在实践基地或中心的建设，以及升级改造中，必须履行各自的责任与义务。即政府方面：为高职院校和合作企业提供人力、物力、财力、政策维度的支持和保障，并针对实践基地或中心升级改造的进度和质量进行严格监管。高职院校方面：协同合作企业共同完成实践基地或中心升级改造方案的制订，并积极参与配合施工单位设计图的绘制和工程施工，优化专业教师配置。合作企业方面：与合作高职院校一道完成实践基地或中心升级改造方案的制订，同时配合施工单位完成工程项目图纸的设计和施工，并提供最新的生产技术、生产工艺、生产材料、一线工作人员和科研人员。

3.校企政三方加大全面升级实践基地或中心的投入力度

政府与学校、企业三方签订资源保障协议的同时，意味着实践基地或中心升级改造已经拉开帷幕，各方所要发挥的职能，以及履行的责任和义务必须最大程度体现。其中，各方投入力度的全面加大正是最为直观的表现。其中，政府方面要在资金、物资、人力资源方面提供有力的支撑条件，学校和企业方面要在专业教师、科研工作人员、富有一线工作经验的员工、专业仪器设备等多个方面加大投入力度，确保实践基地或中心升级改造能够让高职学生感受到更加真实的职业环境和职业要求，更好地服务学生职业能力全面发展。

（二）企业一线工作岗位工作人员要始终作为实践基地或中心的主体

就新形势下高职校企合作模式的发展而言，企业能够为其提供最有利的条件莫过于高品质的实践基地或中心，而其高品质主要表现在专业技能指导人员自身的高品质。对此，拥有一线岗位丰富经验的工作人员显然要作为企业实践基地或中心的主体，在选择标准、学生技术指导的原则、专属性方面无疑要做到高度明确。

1.企业明确实践基地或中心技术指导人员选择的标准

校企合作关乎企业未来发展能否吸纳更多高质量的技术型人才，进而影响企业自身今后的发展。所以在校企合作办学模式下，企业在选定技术指导人员过程中，必须要有明确的标准，并且标准要高于日常岗位标准，由此确保实践基地或中心指导人员职业能力、技术水平、职业素养的高标准，为培育适合企业未来发展方向、具有极强创新能力和创造力的技术型人才提供有力保证，具体标准应包括：具备5年以上（包括5年）一线工作经验，有参与企业科研项目研究的经验并获得一定研究成果，具备专业高级技能等级证书，具备指导他人进行专业实践活动的能力，具备较高的职业道德素质等。

2.企业明确实践基地或中心技术指导人员的指导原则

企业在确定实践基地或中心技术指导人员选择标准，并明确选择对象的基础上，随之要明确指导学生专业实践活动的基本原则，力求技术指导人员在校企合作模式中的作用最大化。其间，主要的指导原则应包括四个方面：第一，"以德为先"原则；第二，"学中做、做中学"原则；第三，"统一性与灵活性相结合"原则；第四，"高标准、严要求"原则。在这四项基本指导原则中，明确指出了道德层面的强化作为指导人员日常指导活动首要关注对象，并且在学生实践活动中要以严格的标准去要求学生，鼓励学生在实践中探索技能创新和技术细节的细化，力求学生能够将专业知识在实践基地或中心得到充分内化。

3.企业明确实践基地或中心技术指导人员的专属性

毋庸置疑的是，企业培养出具备高等级专业技术水平和实践指导能力的一线工作人员并非易事，他们不仅是帮助企业未来发展的带头人，更是为企业始终拥有源源不断新鲜血液注入，并且不存在"排异现象"的重要保证。因此，在企业发展道路中，这些中坚力量要有特殊性的使用，甚至要加以特殊的保护。具体而言，就是要将这些中坚力量派往建立合作关系的高职院校校外实践基地，并且要长期驻守，为合作院校学生提供职业能力、职业道德、职业素养等多个层面提供强大的指导力，更为校企双方实现共赢发挥自己的最大价值，确保企业未来发展始终拥有高质量高素质技术技能型人才，成就企业发展的可持续性和又好又快。

四、产业学院全面建设

互联网经济的快速发展对传统业务形成巨大的冲击，企业不得不思考新形势下的发展方向，越来越多的企业开始从"优化企业内部结构"角度思考这个发展。

"双创"已经成为国家重要发展战略，中国的高校对于"双创"工作既重视，又存"疑"。"疑"的是创新创业离不开产业合作，高校如何获得产业资源？如何通过校企合作实现教育的"再升级"？企业需要拓展新资源，需要优化内部结构，需要拓展市场影响力；高校需要产业融合，需要进行教育转型，需要优秀企业的合作。"产业学院"的构想正是由此而来。其主要工作内容和具体要求如下。

（一）主要工作内容

第一，具有产业覆盖能力的实力企业向高校开放资源的合作。
第二，通过产业资源对接，使得高校逐步改造专业教学及人才供应的过程。
第三，企业通过与高校的合作扩展区域市场或资源的重要手段。

（二）具体要求

产业学院应该成为合作企业的人才培训中心、（区域）营销中心以及研究中心。同时，它也应该成为合作高校的产业研究基地、学生实践或实习基地以及大学生创业基地。

产业学院合作对于企业要求较高，企业需要具备三方面的特点才能进行此类的高校合作：

第一，有一定的规模实力，并具备良好的发展趋势及企业信誉。
第二，其业务有一定的产业覆盖能力，涉及多个产业、行业、专业分布，并形成集团化发展基础。
第三，重视企业人才战略，并有意愿向合作高校提供产业资源对接。

参考文献

[1] 王秀丽.差异化背景下高职校企合作的可行空间研究[M].北京:北京大学出版社,2013.

[2] 申晓伟.校企合作 共筑未来:高职院校校企合作育人理论与实践研究[M].北京:中国广播电视出版社,2014.

[3] 韩志刚.基于校企合作的高职院校专业与课程一体化建设的研究[M].武汉:武汉大学出版社,2012.

[4] 齐再前.基于博弈论高等职业教育校企合作长效机制研究[M].北京:科学出版社,2016.

[5] 杭瑞友,葛竹兴.农业高等职业教育校企合作育人体制机制探索与实践[M].北京:中国农业大学出版社,2012.

[6] 李斯杰.工学结合促发展:漳州职业技术学院校企合作实践探索[M].厦门:厦门大学出版社,2010.

[7] 林润惠.高职院校校企合作——方法、策略与实践[M].北京:清华大学出版社,2012.

[8] 梁凌洁.高等院校校企合作办学创新研究[M].成都:西南交通大学出版社,2012.

[9] 丁夏君.高职建设类专业工学结合校企合作教学改革研究与实践[M].北京:中国建筑工业出版社,2011.

[10] 王文槿,林仙福.职业院校校企合作实务:订单式工学交替操作指南[M].北京:海洋出版社,2010.

[11] 张娜芳.高等职业院校旅游管理专业实践教学体系研究[D].石家庄:河北师范大学,2020.

[12] 潘云双.基于产教融合的高等职业教育专业课程改革研究[D].石家庄:河北师范大学,2020.

[13] 郑乔.唐山X职业学院实训基地建设调查研究[D].石家庄:河北师范大学,

2020.

[14] 李惠兰.基于双因素理论的G高职学院"双师型"教师队伍激励机制优化研究[D].重庆：重庆理工大学，2020.

[15] 陈立.天津市高职院校教师培训现状及对策研究[D].天津：天津职业技术师范大学，2020.

[16] 谢武.我国高等职业院校综合实力评价指标体系构建研究[D].武汉：湖北工业大学，2020.

[17] 肖渝琪.基于现代学徒制的中高职课程衔接比较研究[D].武汉：湖北工业大学，2020.

[18] 张丽杰.中国高等职业教育研究进展：1998—2018[D].武汉：湖北工业大学，2020.

[19] 崔天岚.学习成果视域下高职专业核心课过程性评价个案研究[D].沈阳：沈阳师范大学，2020.

[20] 罗琪.高职院校学生现代工匠精神培养研究[D].南京：西华师范大学，2020.

[21] 肖洁.广州华南商贸职业学院专任教师师资队伍建设研究[D].兰州：兰州大学，2020.

[22] 徐文杰.高等职业教育校企合作协议研究[D].武汉：华中师范大学，2020.

[23] 张小伟.高职院校学前教育专业校企（园）合作现状及对策研究[D].秦皇岛：河北科技师范学院，2020.

[24] 夏敬飞."1+X"试点项目风险管理研究[D].西安：长安大学，2020.

[25] 程宇.中国职业教育与经济发展互动效应研究[D].长春：吉林大学，2020.

[26] 裴枫.校企合作模式下高职院校学生创新创业能力培养[J].经济研究导刊，2021（3）：130-132.

[27] 许清.现代化高职教育校企合作共赢模式初探[J].科技风，2021（2）：162-163.

[28] 何钢.基于产教融合的农业高职院校人才培养的模式研究[J].农业开发与装备，2021（1）：80-81.

[29] 刘昉.基于校企合作多样化的高职人才培养模式[J].西部皮革，2021，43（2）：133-134.

[30] 祝成林.如何促进高职教育实习形成较高的质量——基于"学校—企业—

学生"的实证研究[J].中国高教研究,2021(1):103-108.

[31] 刘文娟.基于校企深度融合的高职院校校企协同育人新模式的研究与实践[J].中国多媒体与网络教学学报(中旬刊),2021(2):91-93.

[32] 孟庆东.高职师资"校企双向流动":阻滞因素与实施路径[J].成人教育,2021,41(1):71-75.

[33] 管艺博.校企合作视角下的高校人才培养模式创新探索——以广东职业技术大学为例[J].文化创新比较研究,2021,5(1):44-46.

[34] 关颖,许评,王闻环.产教融合背景下高职院校实训基地建设与运营管理创新研究——以江苏农林职业技术学院为例[J].机械职业教育,2021(1):32-35.

[35] 吴宝明.产教融合视野下高职院校"三教"改革[J].教育与职业,2021(6):51-54.

[36] 王燕,丁林曜,靳宏举.校企合作视野下高职院校实训基地学生管理制度探析[J].科技风,2021(6):145-146.

[37] 石杨,刘艳妮.陕西省高职院校校企合作模式的探索和创新[J].科技与创新,2021(3):140-141.

[38] 王运宏.校企合作建设高职机电类专业教学团队面临的问题与对策[J].河北职业教育,2021,5(1):90-92.

[39] 林泽昕,闫利辉.职教二十条背景下高等职业院校校企"双元"育人现状与对策[J].河北职业教育,2021,5(1):12-15.

[40] 刘任熊,冯立元,苗睿岚,等.从独角戏到双主体:职业教育产教融合制度演进脉络[J].中国职业技术教育,2021(6):33-43.

[41] 杨利静.校企合作模式下高职院校人才培养模式研究[J].学校党建与思想教育,2021(4):89-90.

[42] 潘书才,徐永红,陈宗丽.高职校企合作"双元"育人的问题与对策——基于江苏省12所高职院校的调研[J].湖北职业技术学院学报,2021,24(1):24-29.

[43] 包世萍.高职校企合作技术培训实践与研究[J].无锡职业技术学院学报,2021,20(3):7-10.

[44] 宋良杰.高职校企合作匹配博弈及机制优化[J].南方职业教育学刊,2021,

11（4）：15-21.

［45］李鑫.试论高职校企合作双主体办学的困境与突破［J］.商讯，2021（29）：130-132.

［46］徐国庆.确立职业教育的类型属性是现代职业教育体系建设的根本需要［J］.华东师范大学学报：教育科学版，2020，38（1）：11.

［47］许竞.试论英德等发达国家职业教育社会制度环境的比较优势［J］.中国职业技术教育，2020（3）：9-10.

［48］张健.适合的职业教育：价值特征与实现路径［J］.中国职业技术教育，2019（13）：3.

［49］李琳杰，刘保朝，刘军旭.浅谈澳大利亚职业教育的特色与借鉴［J］.精密制造与自动化，2019（4）：4-5.

［50］郑坚."整合与衔接"理念下的美国职业教育培养模式探析［J］.职业技术教育，2013（7）：77-78.

［51］潘海生，孙一睿.澳大利亚高等职业教育国际化的策略分析与启示［J］.教育与职业，2020（7）：8-9.

［52］丁宁.日本职业教育发展历程、特点及启示［J］.教育与职业，2019（4）：7-9.

［53］吴雪萍，肖霞.英国对外职业教育援助探析［J］.比较教育研究，2020，42（8）：8.

［54］涂三广.英国职教教师"双专业"身份形成的历史建构与现实启示［J］.职教论坛，2020（6）：11.

［55］万朝丽，黄静梅.新世纪以来我国关于国际职业教育质量保障的研究综述［J］.教育科学论坛，2020（33）：19-24.

［56］杨俊伟.高职校企合作"订单班"运行机制方案设计与实施［J］.国际公关，2019（7）：1-3.

［57］Hanushek E A, Schwerdt G, Woessmann L, et al. General Education, Vocational Education, and Labor-Market Outcomes over the Life-Cycle［J］. Economics Working Papers, 2015.

［58］Eichhorst W, Rodriguez-Planas N, Schmidl R, et al. A roadmap to vocational education and training systems around the world［J］. IZA Discussion Papers, 2012, 3（3）.

[59] Australia S. Skills for prosperity-a roadmap for vocational education and training [J]. Skills Australia, 2011.

[60] Forster A, Bol T, Werfhorst H. Vocational Education and Employment over the Life Cycle [J]. Sociological Science, 2016 (3).

[61] Brunello G, Rocco L. The Labor Market Effects of Academic and Vocational Education over the Life Cycle: Evidence Based on a British Cohort [J]. Journal of Human Capital, 2017, 11 (1).